Pali Text Society.

PETAVATTHU.

EDITED BY
PROF. MINAYEFF
(OF ST. PETERSBURG.)

LONDON:
PUBLISHED FOR THE PALI TEXT SOCIETY,
BY HENRY FROWDE,
OXFORD UNIVERSITY PRESS WAREHOUSE, AMEN CORNER, E.C.
1888.

PREFACE.

For the present edition I have made use of the following manuscripts:

1. C. and 2. D. Two Siṃhalese MSS. of my own collection. Text and Commentary by Dhammapāla. In the Introduction the author gives a short description of the whole work.

1. Mahākāruṇikaṃ nāthaṃ ñeyyasāgarapāraguṃ
   vande nipuṇagambhīraṃ vicitranayadesanaṃ.
2. Vijjācaraṇasampannaṃ yena nīyanti lokato
   vandem anuttaraṃ dhammaṃ sammāsambuddha-
   pūjitaṃ.
3. Sīlādiguṇasampanno ṭhito maggaphalesu yo
   vande ariyasaṃghan taṃ puññakkhettaṃ anuttaraṃ.
4. Vandanājanitaṃ puññaṃ iti yaṃ ratanattaye
   hatantarāyo sabbattha hutvāhan tassa tejasā.
5. Petehi kataṃ kammaṃ yaṃ yaṃ purimajātīsu
   petabhāvāvahan taṃ taṃ tehi phalabhedato.
6. Pakāsayantī buddhānaṃ desanā yā visesato
   saṃvegajananī kammaṃ phalaṃ paccakkhakārīnaṃ.
7. Petavatthū 'ti nāmena supariññātavatthukā
   yaṃ khuddakanikāyasmiṃ saṃgāyiṃsu mahesayo.
8. Tassā sammāvalambitvā porāṇaṭṭhakathānayaṃ
   tattha tattha nidānāni vibhāvento visesato.
8. Suvisuddhaṃ asaṃkiṇṇaṃ nipuṇatthavinicchayaṃ
   Mahāvihāravāsīnaṃ samayaṃ avilomayaṃ.
10. Yathā balaṃ karissāmi atthasaṃvaṇṇanaṃ subhaṃ
    sakkaccaṃ bhāsato taṃ me nisāmayatha sādhavo 'ti.*

---

* Comp. the Paramattha-Dīpani, Vimāna-vatthu, p. vi.

Tattha petavatthū 'ti. seṭṭhiputtādikassa tassa tassa sattassa petabhāvahetubhūtakammaṃ tassa pana pakāsanavasena pavatto khettūpamā arahanto 'ti ādiko pariyattidhammo idha petavatthū 'ti adhippeto.

Tayidaṃ petavatthuṃ kena bhāsitaṃ kattha bhāsitaṃ kadā bhāsitaṃ kasmā bhāsitan 'ti.

Vuccate.

Idaṃ hi petavatthuṃ duvidhena pavattaṃ aṭṭhuppattivasena ca pucchāvissajanavasena ca. tattha yaṃ aṭṭhuppattivasena pavattaṃ. taṃ bhagavatā tāva bhāsitaṃ. itaraṃ Nāradattherādīhi pucchitaṃ. tehi tehi petehi bhāsitaṃ. satthā pana yasmā Nāradattherādīhi tasmiṃ tasmiṃ pucchāvissajjane āropite taṃ taṃ aṭṭhuppattiṃ katvā sampattaparisāya dhammaṃ desesi. tasmā sabbapetavatthuṃ sattharā bhāsitam eva nāma jātaṃ. pavattitapavaradhammacakke hi satthari tattha tattha Rājagahādīsu viharante yebhuyyena tāya tāya aṭṭhuppattiyā pucchāvissajjanavasena sattānaṃ kammaphalapaccakkhakaraṇāya taṃ taṃ petavatthuṃ desanaṃ āruḷhan 'ti.

Ayaṃ tāv' ettha kena bhāsitan 'ti ādīnaṃ padānaṃ sādhāraṇato vissajjanā.

Asādhāraṇato pana tassa tassa vatthussa atthavaṇṇanāyam eva āgamissati.

Taṃ pan' etaṃ petavatthuṃ vinayapiṭakam suttapiṭakaṃ abhidhammapiṭakan 'ti tīsu piṭakesu suttantapiṭakapariyāpannaṃ.

Dīghanikāyo majjhimanikāyo saṃyuttanikāyo aṅguttaranikāyo khuddakanikāyo pañcasu nikāyesu khuddakanikāyapariyāpannaṃ.

Suttaṃ geyyaṃ veyyākaraṇaṃ gāthā udānaṃ itivuttakaṃ jātakaṃ abbhutadhammaṃ vedallan 'ti navasu sāsanaṅgesu gāthāsaṃgahaṃ.

> dvāsītiṃ buddhato gaṇhiṃ dve sahassāni bhikkhuto
> caturāsīti sahassāni ye 'me dhammā pavattino 'ti

Evaṃ dhammabhaṇḍāgārikena patiññātesu caturāsītiyā dhammakkkhandhasahassesu katipayadhammakkhandhasaṃgahaṃ.

Bhāṇavārato catubhāṇavāramattaṃ.

Vaggato Uragavaggo Ubbarīvaggo Cūḷavaggo Mahāvaggo 'ti catuvaggasaṃgahaṃ. tesu paṭhamavagge dvādasa vatthūni. dutiyavagge terasa vatthūni. tatiyavagge dasa vatthūni. catutthavagge soḷasavatthūnīti. vatthuto ekapaññāsavatthupatimaṇḍitaṃ.

The name of the author of the commentary is given in the concluding gāthās.

Ye te petesu nibbattā sabbadukkaṭakārino
yehi kammehi te santaṃ pāpakaṃ kaṭukaphalaṃ.
paccakkhato vibhāventi pucchāvissajanehi vā
sā desanā niyamen' eva sattasaṃvegavaḍḍhanī.
yaṃ kathāvatthukusalā supariññātavatthukā
petavatthū 'ti nāmena saṃgāyiṃsu mahesayo.
tassatthaṃ pakāsetuṃ porāṇatthakathānayaṃ
nissāya yā samāraddhā atthasaṃvaṇṇanā mayā.
yā tattha paramatthānaṃ tattha tattha yathārahaṃ
pakāsanā paramatthadīpanī nāma nāmato.
sampattā pariniṭṭhānaṃ anākulavinicchayo
sā paṇṇarasamattāya pāḷiyā bhāṇavārato.
iti taṃ saṃkharontena yaṃ taṃ adhigataṃ mayā
puññam assānubhāvena lokanāthassa sāsanaṃ.
ogāhetvā visuddhāya sīlādipaṭipattiyā
sabbe pi dehino hontu vimuttirasabhāgino.
ciram tiṭṭhatu lokasmiṃ sammāsambuddhassa sāsanaṃ
tasmiṃ sagāravā niccaṃ hontu sabbe 'va pāṇino.
sammā vassatu kālena devo pi jagati pati
saddhammanirato lokaṃ dhammen' eva pasāsatū 'ti.
Badaratitthavihāravāsinā
munivarayatinā bhadantena
Ācariya-Dhammapālena katā
petavatthusaṃvaṇṇanā samattā 'ti.

A few extracts from the vaṇṇanā are given at the end of the published text.

Besides, I had 3. C[I] and 4. D[I], two Siṃhalese MSS. of the same collection, and 5. B, a Burmese MS. of the Phayre Collection, in the India Office Library. The last three MSS. contain text only.

All my Siṃhalese manuscripts are full of every sort of blunders, and many passages in the published text remain unfortunately doubtful.

J. M.

St. Petersburg,
December, 1887.

CONTENTS.

I.

THE TEXT.

Peta-vatthu.

NAMO TASSA BHAGAVATO ARAHATO SAMMĀSAMBUDDHASSA.

I. 1.

1. Khettūpamā arahanto dāyakā kassakūpamā
   bījūpamaṃ deyyadhammaṃ ogho [1] nibbattate phalaṃ.
2. Oghabījaṃ [2] kasikhettaṃ petānaṃ dāyakassa ca
   taṃ petā paribhuñjanti dātā puññena vaḍḍhati.
3. Idh' eva kusalaṃ katvā pete ca paṭipūjayaṃ [3]
   saggañ ca kamati [4] ṭhānaṃ kammaṃ katvāna bhadda-
   kan 'ti.

Khettūpamāpetavatthu.

I. 2.

1. Kāyo te sabbasovaṇṇo sabbā obhāsate disā
   mukhaṃ te sūkarass' eva kiṃ kammam akarī [5] pure 'ti.
2. Kāyena saññato āsiṃ vācāyāsiṃ asaññato
   tena me tādiso vaṇṇo yathā passasi Nāradā 'ti.
3. Tan ty āhaṃ Nārada brūmi sāmaṃ diṭṭham idaṃ tayā
   mākāsi mukhasā pāpaṃ mā kho sūkaramukho ahū 'ti.

Sūkarapetavatthu.

I. 3.

1. * Dibbaṃ subhaṃ dhāresi vaṇṇadhātuṃ, vehāyasaṃ tiṭ-
   ṭhasi antalikkhe

---

[1] B. etto. [2] B. etaṃ. [3] B. °jiya.
[4] B. gamati. [5] B. akarā.

* C[1]. D[1]. omits 1–2.

mukhañ ca te kimiyo pūtigandhaṃ, khadanti kiṃ kammam akāsi pubbe 'ti.

2. Samaṇo ahaṃ pāpo dukkhavāco, tapassīrūpo mukhasā asaññato
laddhā ca me tapasā vaṇṇadhātuṃ, mukhañ ca me pesuniyena pūtīti.

3. Tayidaṃ tayā Nārada sāmaṃ diṭṭhaṃ, anukampakā ye kusalā vadeyyuṃ
mā pesunaṃ mā ca musā abhāṇi, yakkho tuvaṃ hohisi kāmakāmīti.

Pūtimukhapetavatthu.

I. 4.

1. Yaṃ kiñcārammaṇaṃ katvā dajjā dānaṃ amaccharī
pubbe pete ca ārabbha atha vā vatthudevatā.
2. Cattāro ca mahārāje lokapāle yasassine
Kuveram Dhataraṭṭhañ ca Virūpakkhañ ca Virūḷhakaṃ
tam eva pūjitā honti dāyakā ca anipphalā.
3. Na hi ruṇṇaṃ 'va soko vā yā caññā paridevanā
na taṃ petassa atthāya evaṃ tiṭṭhanti ñātayo.
4. Ayañ ca kho dakkhiṇā dinnā saṃghamhi suppatiṭṭhitā
dīgharattaṃ hitāy' assa ṭhānaso upakappatīti.

Piṭṭhadhītalikapetavatthu.

I. 5.

1. Tiro kuḍḍesu tiṭṭhanti saṃdhisiṅghāṭakesu ca
dvārabāhāsu tiṭṭhanti āgantvāna sakaṃ gharaṃ.
2. Pahūte annapānamhi khajjabhojje upaṭṭhite
na tesaṃ koci sarati sattānaṃ kammapaccayā.
3. Evaṃ dadanti ñātīnaṃ ye honti anukampakā
suciṃ paṇītaṃ kālena kappiyaṃ pānabhojanaṃ
idaṃ vo ñātīnaṃ hotu sukhitā hontu ñātayo.
4. Te ca tattha samāgantvā ñātipetā samāgatā
pahūte annapānamhi sakkaccaṃ anumodare.
5. Ciraṃ jīvantu no ñātī yesaṃ hetu labhāmase
amhākañ ca katā pūjā dāyakā ca anipphalā.

6. Na hi tattha kasī atthi gorakkh' etta[1] na vijjati
vaṇijjā tādisī n'atthi hiraññena kayakkayaṃ.
7. Ito dinnena yāpenti petā kālakatā* tahiṃ
unname udakaṃ vuṭṭhaṃ yathā ninnaṃ pavattati
evam eva ito dinnaṃ petānaṃ upakappati.
8. Yathā vārivahā pūrā paripūrenti sāgaraṃ
evam eva ito dinnaṃ petānaṃ upakappati.
9. adāsi me akāsi me ñātimittā sakhā ca me
petānaṃ dakkhiṇā dajjā pubbe katam anussaraṃ.
10. Na hi ruṇṇaṃ vā soko vā yā c'aññā paridevanā
na taṃ petānam atthāya evaṃ tiṭṭhanti ñātayo.
11. Ayañ ca kho dakkhiṇā dinnā saṃghamhi, suppatiṭṭhitā
dīgharattaṃ hitāy' assa ṭhānaso upakappati.
12. So ñātidhammo ca ayaṃ nidassito, petānaṃ pūjā ca katā uḷārā
balañ ca bhikkhūnam anuppadinnaṃ, tumhehi puññaṃ pasutaṃ anappakan 'ti.

Tirokuḍḍapetavatthu.

I. 6.

1. Naggā dubbaṇṇarūpāsi duggandhā pūti vāyasi
makkhikāparikiṇṇā 'va kā nu tvaṃ idha tiṭṭhasīti.
2. Ahaṃ bhaddante[2] petī 'mhi duggatā Yamalokikā
pāpakammaṃ karitvāna petalokā ito gatā.
3. Kālena pañca puttāni sāyaṃ pañca punāpare
vijāyitvāna khādāmi te pi na honti me alaṃ.
4. Pariḍayhati dhūmāyati khudāya[3] hadayaṃ mama
pānīyaṃ na labhe pātuṃ passa maṃ vyasanaṃ gatan 'ti.
5. Kin nu kāyena vācāya manasā dukkaṭaṃ kaṭaṃ
kissa kammavipākena puttamaṃsāni khādasīti.

---

[1] B. gorakkh' etthe na. [2] B. bhaḍḍante. [3] B. khuḍḍāya.

---

* C. D. kila gatā 'ti vā pāṭho.

6. Sapatī[1] me gabbhinī āsi tassā pāpaṃ acetayiṃ
sāhaṃ paduṭṭhamanasā akariṃ gabbhapātanaṃ.
7. Tassā dvemāsiko gabbho lohitañ ñeva paggharī
tad'assā mātā kupitā mayhaṃ ñātī samānayi.
8. Sapathañ ca maṃ kāresi[2] paribhāsāpayi ca maṃ
sāhaṃ ghorañ ca sapathaṃ musāvādaṃ abhāsissaṃ.
9. Puttamaṃsāni khādāmi sapathañ[3] ca kataṃ mayā
tassa kammavipākena[4] musāvādassa c'ūbhayaṃ
puttamaṃsāni khādāmi pubbalohitamakkhikā'ti.

Pañcaputtakhadakapetavatthu.

I. 7.

1. Naggā dubbaṇṇarūpāsi duggandhā pūti vāyasi
makkhikāhi parikiṇṇā kā nu tvaṃ idha tiṭṭhasīti.
2. Ahaṃ bhante petī'mhi duggatā Yamalokikā
pāpakammaṃ karitvāna petalokaṃ ito gatā.
3. Kālena satta puttāni sāyaṃ satta punāpare
vijāyitvāna khādāmi te pi na honti me alaṃ.
4. Pariḍayhati dhūmāyati khudāya hadayaṃ mama
nibbutiṃ nādhigacchāmi aggidaḍḍh' eva ātape 'ti.
5. Kin nu kāyena vācāya manasā dukkaṭaṃ kataṃ
kissa kammavipākena puttamaṃsāni khādasīti.
6. Ahu mayhaṃ duve puttā ubho sampattayobbanā
sāhaṃ puttabalūpetā sāmikaṃ atimaññasiṃ.
7. Tato me sāmiko kuddho sapatiṃ aññam ānayi
sā ca gabbhaṃ alabbhittha tassā pāpaṃ acetayiṃ.
8. Sāhaṃ paduṭṭhamanasā akariṃ gabbhapātanaṃ
tassā temāsiko gabbho pūtilohitako pati.
9. tad' assā mātā kupitā mayhaṃ ñātī samānayi
sapathaṃ ca maṃ kāresi paribhāsāpesi ca maṃ
sāhaṃ ghorañ ca sapathaṃ musāvādaṃ abhāsissam.[5]

---

[1] B. °tti. [2] B. akāresi. [3] B. c'etaṃ ma ka°.
[4] B. kammassa. [5] C. °sisaṃ.

10. puttamaṃsāni khādāmi sacetaṃ pakataṃ mayā
tassa kammavipākena musāvādassa c'ūbhayaṃ
puttamaṃsāni khādāmi pubbalohitamakkhikā 'ti.

Sattaputtakhādakapetavatthu.

I. 8.

1. Kin nu ummattarūpo 'va lāyitvā haritaṃ tiṇaṃ
khāda khādā 'ti lapasi gatasattaṃ jaraggavaṃ.
2. Na hi annena pānena mato goṇo samuṭṭhahe
tvaṃ'si bālo ca dummedho yathā t' aññ' eva dummatīti.
3. Ime pādā imaṃ sīsaṃ ayaṃ kāyo savāladhi
nettā tath 'eva tiṭṭhanti ayaṃ goṇo samuṭṭhahe.
4. N'ayyakassa hatthapādā kāyo sīsañ ca dissati
rudaṃ mattikathūpasmiṃ nanu tvañ ñeva dummatīti.
5. Ādittaṃ vata maṃ santaṃ ghatasittaṃ 'va [1] pāvakaṃ
vārinā viya osiñci sabbaṃ nibbāpaye daraṃ.
6. Abbūḷhaṃ vata me sallaṃ sokaṃ hadayanissitaṃ
yo me sokaparetassa pitusokaṃ apānudi.
7. Sv āhaṃ abbūḷhasallo smiṃ sītibhūto smi nibbuto
na socāmi na rodāmi tañ ca [2] sutvāna mānava.
8. Evaṃ karonti sappaññā ye honti anukampakā
vinivattayanti [3] sokamhā Sujāto pitaraṃ yathā 'ti.

Goṇapetavatthu.

I. 9.

1. * Gūthañ ca muttaṃ ruhirañ ca pubbaṃ, paribhuñjati
kissa ayaṃ vipāko
ayaṃ nu kho kiṃ kammam akāsi nārī, yā ca sabbadā
lohitapubbabhakkhā.
2. Navāni vatthāni subhāni c'eva, mudūni suddhāni ca
lomasāni
dinnāni missā kiṭakā 'va bhavanti, ayaṃ nu kiṃ kammam
akāsi nārīti.

---

[1] B. vā. [2] B. tava. [3] B. vinivattanti.

* C[1]. D[1]. omits 1–2.

3. Bhariyā mam'esā ahu bhaddante, adāyikā maccharinī kadariyā
sā maṃ dadantaṃ samaṇabrāhmaṇānaṃ, akkosati paribhāsati ca.
4. Gūthañ ca muttaṃ ruhirañ ca pubbaṃ, paribhuñja tvaṃ asuciṃ sabbakālaṃ
etan te paralokasmiṃ hotu, vatthā ca te kiṭakā[1] bhavanti
etādisaṃ duccaritaṃ caritvā, idhāgatā ciraṃrattāya[2] khādatīti.

Mahāpesakārapetavatthu.

I. 10.

1. Kā nu anto vimānasmiṃ tiṭṭhantī na upanikkhami
upanikkhamassu bhadde tvaṃ passāma taṃ mahiddhikan'ti.
2. Aṭṭiyāmi harāyāmi naggā nikkhamituṃ bahi
keseh 'amhi paṭicchannā puññaṃ me appakaṃ katan 'ti.
3. Hand 'uttarīyaṃ dāmi te imaṃ dussaṃ nivāsaya
imaṃ dussaṃ nivāsetvā bahi nikkhama sobhane
upanikkhamassu bhadde passāma taṃ mahiddhikan 'ti.
4. Hatthena hatthe te dinnaṃ na mayhaṃ upakappati
es 'etth' upāsako saddho sammāsambuddhasāvako.
5. Etaṃ acchādayitvāna mama dakkhiṇam ādisa
tadāhaṃ sukhitā hessaṃ sabbakāmasamiddhinīti.
6. Tañ ca te nahāpayitvāna vilimpitvāna vāṇijā
vattheh' acchādayitvāna tassā dakkhiṇam ādisuṃ.
7. samanantarānudiṭṭhe vipāko upapajjatha
bhojanacchādanapānīyaṃ dakkhiṇāya idaṃ phalaṃ.
8. Tato suddhā sucivasanā kāsikuttamadhārinī
hasantī vimānā nikkhami dakkhiṇāya idaṃ phalan 'ti.
9. Sucittarūpaṃ ruciraṃ vimānaṃ te ca bhāsati
devate pucchitācikkha kissa kammass' idaṃ phalan 'ti.

---

[1] B. kiṭakasamā. [2] B. cira-atthāya.

10. Bhikkhuno caramānassa doṇinimmiñjanaṃ[1] ahaṃ
adāsiṃ ujubhūtassa vippasannena cetasā.
11. Tassa kammassa kusalassa vipākaṃ dīgham antaraṃ
anubhomi vimānasmiṃ tañ ca dāni parittakaṃ.
12. Uddhañ catūhi māsehi kālakiriyā bhavissati
ekantaṃ kaṭukaṃ ghoraṃ niray' ūpapatiss' ahaṃ.
13. Catukaṇṇaṃ catudvāraṃ vibhattaṃ bhāgas omitaṃ
ayopākārapariyantaṃ ayasā paṭikujjitaṃ.
14. Tassa ayomayā bhūmi jalitā tejasāyutā
samantā yojanasataṃ pharitvā tiṭṭhati sabbadā.
15. Tatthāhaṃ dīgham addhānaṃ dukkhaṃ vedissaṃ vedanaṃ
phalañ ca pāpakammassa tasmā socāmīdaṃbhūtan 'ti.

Khalātyapetavatthu.

I. 11.

1. * Purato 'va setena paleti hatthinā, majjhe pana assatarīrathena
pacchā 'va[2] kaññā sivikāyaṃ niyyāti, obhāsayantī dasa sabbato disā.
2. Tumhe muggarahatthapāṇino,[3] rudaṃmukhā bhinnapabhinnagattā[4]
manussabhūtā kim akattha pāpaṃ, yena aññamaññassa[5] pivātha[6] lohitaṃ.
3. Purato 'va yo gacchati kuñjarena, setena nāgena catukkamena
amhākaṃ putto ahu so[7] jeṭṭhako, dānāni[8] datvāna sukhiṃ pamodati.

---

[1] B. nimujjāni.—C. nimijjanaṃ. [2] B. ca.
[3] D. °hatthe. [4] C. D.—B. chinnapabhinna°.
[5] B. yena 'ñña°. [6] C. D. pipātha.
[7] Cᴵ. yo.—Dᴵ. om.—C. amhākaṃ putto āhu jeṭṭhako so.
[8] C.—D. Cᴵ. Dᴵ. nānāni.

---

* Cᴵ. Dᴵ. om. 1–2.

4. Yo so majjhe assatarīrathena, catubbhi yuttena suvaggitena
amhākaṃ putto ahu majjhimo so, amacchari dānapati virocati.

5. Yā sā pacchā sivikāya niyyāti dārī,* sapaññā migamandalocanā[1]
amhākaṃ dhītā ahu sā kaniṭṭhā, bhāgaḍḍhabhāgena sukhī pamodati.

6. Ete ca dānāni adaṃsu pubbe, pasannacittā samaṇabrāhmaṇānaṃ
mayaṃ pana maccharino ahumhā, paribhāsakā samaṇabrāhmaṇānaṃ
ete padatvā[2] paricārayanti, mayaṃ ca[3] sussāma naḷo 'va ditto[4] 'ti.

7. Kiṃ tumhākaṃ bhojanaṃ kis sayanaṃ,[5] kathaṃ su[6] yāpetha supāpadhammino
pahūtabhogesu anappakesu, sukhaṃ virāgāya dukkh' ajja pattā 'ti.

8. Aññamaññaṃ vadhitvāna pivāma pubbalohitaṃ
bahuṃ pitvā na dātā[7] homa nacchādimhamhase[8] mayaṃ.

9. Icc eva maccā[9] paridevayanti adāyikā[10] pecca[11] Yamassa ṭhāyino
ye[12] te viviccā[13] adhigamma bhoge na bhuñjare nāpi karonti puññaṃ.

10. Te khuppipāsupagatā parattha petā[14] ciraṃ ghāyire[15] ḍayhamānā

---

[1] B.—C. D. C[1]. D[1]. maṇḍa°. [2] B. ca datvā.
[3] B. C.—D. C[1]. D[1]. mayañ cā.
[4] B. chinno.—C. dhinno.—D. C[1]. D[1]. dinno.
[5] D[1]. sāyānaṃ.—B. kiṃ sāyanaṃ. [6] B. ca.
[7] C[1]. D[1].—B. dhātā. [8] B. ruccārimhase. [9] B. paccā.
[10] C[1]. D[1]. adāsikā. [11] B. maccharino. [12] C[1]. etc.
[13] B. viriccā. [14] B. pacchā. [15] B. jhāyire.

---

* B. nārī.

kammāni katvāna[1] dukhandriyāni anubhonti dukkhaṃ
katukapphalāṇi[2]

11. Ittaraṃ[3] hi dhanadhaññaṃ ittaraṃ[3] idha jīvitaṃ
ittaraṃ[3] ittarato[4] ñatvā dīpaṃ kayirātha[5] paṇḍito.

12. Ye te evaṃ pajānanti narā dhammassa kovidā
te dāne na ppamajjanti sutvā arahataṃ vaco 'ti.

Nāgapetavatthu.

I. 12.

1. Urago 'va tacaṃ jiṇṇaṃ hitvā gacchati san tanuṃ
evaṃ sarīre nibbhoge pete kālakate sati.
2. Ḍayhamāno na jānāti ñātīnaṃ paridevitaṃ
tasmā evaṃ[6] na socāmi gato[7] so tassa yā gatīti.
3. Anabbhito tato agā[8] nānuññāto ito gato
yathāgato tathāgato tattha kā paridevanā.
4. Ḍayhamāno na jānāti ñātīnaṃ paridevitaṃ
tasmā evaṃ na rodāmi gato[9] so tassa yā gatīti.
5. Sace rode kisā assaṃ tattha me kiṃ phalaṃ siyā
ñātimittāsuhajjānaṃ bhiyyo no arati siyā.
6. Ḍayhamāno na jānāti ñātīnaṃ paridevitaṃ[10]
tasmā evaṃ na rodāmi gato so tassa yā gatīti.
7. Yathā pi darako candaṃ gacchantaṃ anurodati
evaṃ saṃpadam ev' etaṃ yo petaṃ anusocati.
8. Ḍayhamāno na jānāti ñātīnaṃ paridevitaṃ
tasmā evaṃ na rodāmi gato so tassa yā gatīti.
9. Yathā pi brahme udakumbho bhinno appaṭisaṃdhiyo
evaṃ saṃpadam' ev' etaṃ yo petam anusocati.
10. Ḍayhamāno na jānāti ñātīnaṃ paridevitaṃ
tasmā evaṃ na rodāmi gato so tassa yā gatīti.

Uragapetavatthu.[11]

Uragavaggo paṭhamo.

---

[1] B. katvā. [2] B.—C[1]. D[1]. °lā 'ti. [3] B. itaraṃ.
[4] B. itarato. [5] B. kariyātha. [6] B. etam.
[7] B. D.—C. C[1]. D. tato. [8] B. anijjhiṭṭho tato āgā.
[9] B. C. C[1]. D[1].—D. tato. [10] B. paridevanaṃ.
[11] B. adds: dvādasamaṃ.—C[1]. D[1]. uragavaggassa vatthu.—C[1]. °vaṇṇanā.

II. 1.

1. Naggā dubbaṇṇarūpāsi kisā dhamanisaṃṭhitā [1]
uppbāsulike [2] kisike kā nu tvam idha tiṭṭhasīti.
2. Ahaṃ bhante [3] petī 'mhi duggatā Yamalokikā
pāpakammaṃ karitvāna petalokam ito gatā 'ti.
3. Kin nu kāyena vācāya manasā dukkaṭaṃ kataṃ
kissa kammavipākena petalokam ito gatā 'ti.
4. *Anukampakā mayhaṃ nāhesuṃ bhante
pitā mātā ca atha vāpi ñātakā [4]
ye maṃ niyojeyyum [5] dadāhi dānaṃ
pasannacittā samaṇabrāhmaṇānaṃ.
5. Ito ahaṃ vassasatāni pañcā
yaṃ evarūpā vicarāmi naggā
khudāya [6] taṇhāya 'va khajjamānā
pāpassa kammassa phalaṃ mama yidaṃ.[7]
6. Vandāmi taṃ ayya pasannacittā
anukampa maṃ dhīra [8] mahānubhāva [9]
datvā ca me ādissa yāhi kiñci
mocehi maṃ duggatiyā bhaddante [10] hi.[11]
7. Sādhū 'ti so tassā paṭisuṇitvā Sāriputto anukampako
bhikkhūnaṃ ālopaṃ datvā pāṇimattañ ca colakaṃ.
8. Thālakassa ca pānīyaṃ tassā dakkhiṇam ādisi
samanantarā anudiṭṭhe vipāko upapajjatha.[12]
9. Bhojanacchādanapānīyaṃ dakkhiṇāya idaṃ phalaṃ
tato suddhā sucivasanā [13] kāsikuttamadhāriṇī
vicittavatthābharaṇā Sāriputtaṃ upasaṃkamīti.
10. Abhikkantena vaṇṇena yā tvaṃ tiṭṭhasi devate
obhāsentī disā sabbā osadhī viya tārakā.

---

[1] B. °santata. [2] B. uppāsuḷhike. [3] B. bhaddante.
[4] C. D. °tikā. [5] B. niyyo°. [6] B. °ddāya.
[7] B. mamedaṃ. [8] B. vira. [9] B. °vam.
[10] B., C. D., C[1]. D[1]. °dante. [11] B. om. [12] B. uda°.
[13] B.—C. C[1]. D. D[1]. suni.°

---

* B. C. D.—C[1]. D[1]. om. 4.

11. Kena te tādiso vaṇṇo kena te idha-m-ijjhati [1]
uppajjanti ca te bhogā ye keci manaso piyā.
12. Pucchāmi taṃ devi mahānubhāve manussabhūtā kim
akāsi puññaṃ
kenāsi evaṃjalitānubhāvā vaṇṇo ca te sabbadisā pabhā-
satīti.
13. Upakaṇḍakiṃ [2] kisaṃ chātaṃ naggaṃ [3] appaṭicchaviṃ
muni kāruṇiko loke taṃ maṃ dakkhasi [4] tvaṃ duggataṃ.
14. Bhikkhūnaṃ ālopaṃ datvā pāṇimattañ ca colakaṃ
thālakassa ca pānīyaṃ mama dakkhiṇam ādisi.
15. Ālopassa phalaṃ passa bhattaṃ vassasataṃ dasa
bhuñjāmi kāmakāminī anekarasavyañjanaṃ.
16. Pāṇimattassa colassa vipākaṃ passa yādisaṃ
yāvatā Nandarājassa vijitasmiṃ paṭicchadā.
17. Tato bahutarā bhante vatthāni [5] 'cchādanāni me
koseyyakambalīyāni [6] khomakappāsikāni ca.
18. Vipulā ca mahagghā ca te p' ākāse [7] 'va lambare
sāhaṃ taṃ paridahāmi yaṃ yaṃ hi manaso piyaṃ.
19. Thālakassa ca pānīyaṃ vipākaṃ passa yādisaṃ
gambhirā caturassā ca pokkhāraññā sunimmitā.
20. Setodakā supatitthā ca sītā appaṭigandhiyā
padumuppalasaṃchannā vārikiñjakkhapūritā.
21. Sāhaṃ ramāmi kīḷāmi modāmi akutobhayā
muniṃ kāruṇikaṃ lokaṃ [8] bhante vanditum āgatā 'ti.

Saṃsāramocakapetavatthu.

II. 2.

1. Naggā . . . (= II. 1. 1.)
2. Ahan te sakiyā mātā pubbe aññesu jātīsu
uppannā pettivisayaṃ [9] khuppipāsāsamappitā.

---

[1] D. icchati. [2] B. uppaṇḍukiṃ.
[3] B. nagga samuṭita cchaviṃ. [4] B. adakkhi.
[5] B. vattāna°. [6] B. koseyyāni. [7] B. te cākāse'.
[8] B. loke. [9] B. pitti°.—C. peti°.

3. Chadditaṃ khipitaṃ khelaṃ siṅghāṇikaṃ silesumaṃ
vasañ ca ḍayhamānānaṃ vijātānañ ca lohitaṃ.
4. Vaṇitānañ [1] ca yaṃ ghānasīsacchinnañ ca lohitaṃ
khudāparetā bhuñjāmi [2] itthipurisanissitaṃ.
5. Pubbalohitaṃ bhakkhāmi pasūnaṃ mānusānañ ca
alenā anagārā ca nīla[3]mañcaparāyanā.
6. Dehi puttaka me dānaṃ datvā uddisāhi [4] me
app' eva nāma muñceyyaṃ pubbalohitabhojanā 'ti.
7. Mātuyā vacanaṃ sutvā Upatisso 'nukampako
āmantayī Moggallānaṃ Anuruddhañ ca Kappinaṃ.
8. Catasso kuṭiyo katvā saṃghe catuddise adā
kuṭiyo annapānañ ca mātu dakkhiṇam ādisi.
9. Samanantarā anudiṭṭhe vipāko upapajjatha
bhojanaṃ pānīyaṃ vatthaṃ dakkhiṇāya idaṃ phalaṃ.
10. Tato . . . (=II. 1. 9, *c. d. e.*) Kolikaṃ upasaṃkamīti.
11. 12. 13. . . . (=II. 1. 10, 11, 12.)*

Sāriputtattherassa mātupetīvatthu.

II. 3.

1. Naggā . . . (=II. 1. 1.)
2. Ahaṃ Mattā tuvaṃ [5] Tissā sapatī te pure ahuṃ
pāpakammaṃ karitvāna petalokam ito gatā ti.
3. Kin nu kāyena vācāya manasā dukkaṭaṃ kataṃ
kissa kammavipākena petalokam ito gatā 'ti.
4. Caṇḍī ca pharusā cāsiṃ issukī [6] maccharī saṭhī [7]
tāhaṃ duruttaṃ vatvāna petalokam ito gatā 'ti.

---

[1] B. °kānañ. [2] B. bhuñjissaṃ. [3] B. nilla°.
[4] B. anvādi°. [5] D. tvaṃ.
[6] B. D.—C[1]. D[1]. ussukī. [7] B. saṭhā.

---

* B. adds:
Sāriputtassa dānena modāmi akutobhayā
muniṃ kāruṇikaṃ loke taṃ bhaddante vanditum
āgatā 'ti.

5. Sabbaṃ [1] aham pi jānāmi yathā tvaṃ caṇḍikā ahu
aññaṃ ca kho taṃ [2] pucchāmi kenāsi paṃsukuṭṭhitā.[3]
6. Sīsaṃ nahātā tuvaṃ āsi sucivatthā alaṃkatā
ahaṃ ca kho taṃ adhimattaṃ samalaṃkatarā tayā.
7. Tassā me pekkhamānāya sāmikena samantayi[4]
tato me issā vipulā kodho me samajāyatha.
8. Tato paṃsu [5] gahetvāna paṃsunā taṃ pi [6] okiri
tassa kammavipākena ten' amhi paṃsukuṭṭhitā.[3]
9. Sabbaṃ ahaṃ pi jānāmi paṃsunā maṃ tvaṃ okiri
aññañ ca kho taṃ pucchāmi kena khajjāsi kacchuyā.
10. Bhesajjaharī ubhayo vanantaṃ agamimhase [7]
tvañ ca bhesajjam āhāsi [8] ahañ ca kapikacchuno.[9]
11. Tassā te ajānamānāya seyyaṃ ty āhaṃ samokiri
tassa kammavipākena tena khajjāmi kacchuyā.
12. Sabbaṃ ahaṃ pi jānāmi seyyaṃ me tvaṃ samokiri
aññañ ca kho taṃ pucchāmi kenāsi naggiyā tuvaṃ.
13. Sahāyānaṃ samayo āsi ñātīnam samitiṃ ahu
tvañ ca āmantitā āsi sasāmī no ca kho ahaṃ.
14. Tassā te ajānamānāya dussaṃ ty āhaṃ apānudiṃ
tassa kammavipākena ten' amhi naggiyā ahaṃ.
15. Sabbaṃ ahaṃ pi jānāmi dussaṃ me tvaṃ apānudi
aññañ ca kho taṃ pucchāmi kenāsi gūthagandhinī.
16. Tava gandhañ ca mālañ ca paccagghañ ca vilepanaṃ
gūthakūpe [10] athāresiṃ [11] taṃ pāpaṃ pakataṃ mayā.
17. Tassa kammavipākena ten' amhi gūthagandhinī
sabbaṃ ahaṃ pi jānāmi taṃ pāpaṃ pakataṃ tayā.
18. Aññañ ca kho taṃ pucchāmi kenāsi duggatā tuvaṃ
ubhinnaṃ samakaṃ āsi yaṃ gehe vijjate dhanaṃ.
19. Santesu deyyadhammesu dīpaṃ nākāsim attano
tassa kammavipākena ten' amhi duggatā ahaṃ.

---

[1] B. saccam. [2] B. D. D[1]. C.—C[1]. tvaṃ.
[3] B. °kuṇṭhitā. [4] B. āma°. [5] B. °suṃ.
[6] C[1]. hi.—B. taṃ vikiri 'haṃ. [7] C[1]. D[1]. ahami°.
[8] B. āhāri. [9] B. kabi.°
[10] C. gūthe.—B. gūdha°. [11] B. adhāresi.

20. Tad eva maṃ tvaṃ avaca pāpakammaṃ nisevasi
na hi pāpehi kammehi sulabhā hosi [1] suggatiṃ.
21. Vāmato maṃ tvaṃ paccesi atho pi maṃ usuyyasi [2]
passa pāpānaṃ kammānaṃ vipāko hoti yādiso.
22. Te gharadāsiyo āsuṃ tān' evābharaṇān' ime
te aññe [3] parivārenti na bhogā honti sassatā.
23. Idāni bhūtassa pitā āpaṇā gehaṃ ehiti [4]
app' eva te dade kiñci mā su tāva ito agā.
24. Naggā dubbaṇṇarūpāmhi kisā dhamanisaṃṭhitā
kopīnam etaṃ itthīnaṃ mā maṃ bhūtapitāddasa.
25. Handa kin t' [5] āhaṃ dammi kiṃ vā ca [6] te karomi 'haṃ
yena tvaṃ sukhitā assa sabbakāmasamiddhinī.
26. Cattāro bhikkhū saṃghato [7] cattāro pana puggalā
aṭṭha bhikkhū bhojayitvā mama dakkhiṇam ādisi [8]
tadāhaṃ sukhitā hessaṃ sabbakāmasamiddhinī.
27. Sādhū 'ti sā paṭisutvā bhojayitvā aṭṭha bhikkhavo
vatthehi cchādayitvāna tassā dakkhiṇam ādisi.
28. Samanantarā . . . (II. 1. 8, c. etc.)
29. Tato sudhā . . . (II. 1. 9, c. etc.) sapatiṃ upasaṃkami.
30. 31. 32. (= II. 1. 10, 11, 12.)
33. Ahaṃ Mattā tuvaṃ Tissā sapatī [9] te pure ahuṃ
pāpakammaṃ karitvāna petalokam ito gatā.
34. Tava dānena dinnena modāmi akutobhayā
ciraṃ jīvāhi bhagini saha sabbehi ñātīhi.
35. Asokaṃ virajaṃ ṭhānaṃ āvāsaṃ Vasavattīnaṃ
idha dhammaṃ caritvāna dānaṃ datvāna sobhane.
36. Vineyya maccheramalaṃ samūlaṃ
aninditā saggam upesi ṭhānan 'ti.

Mattāpetīvatthu.

---

[1] B. hoti. [2] B. ussu°.—C. uyyasi.
[3] B. adds: ca. [4] B.—C[1]. D[1]. ehite.
[5] B. kiṃ 'va ty āhaṃ. [6] B. vāda.
[7] B. bhikkhunī saṃghe. [8] B. °sa.
[9] B. sapatti.

II. 4.

1. Kālī dubbaṇṇarūpāsi pharusā bhīrudassanā
piṅgalāsi kalārāsi na taṃ maññāmi mānusin 'ti.
2. Ahaṃ Nandā Nandasena bhariyā te pure ahuṃ
pāpakammaṃ karitvāna petalokam ito gatā 'ti.
3. Kin nu kāyena (= II. 1. 3.)
4.* Caṇḍapharusavācā tayidhāsiṃ[1] agāravā
tāhaṃ duruttaṃ vatvāna petalokam ito gatā 'ti.
5. Hand' uttarīyaṃ dadāmi te imaṃ dussaṃ nivāsaya
imaṃ dussaṃ nivāsetvā ehi nessāmi taṃ gharaṃ.
6.[2] Vatthañ ca annapānañ ca lacchasi tvaṃ gharaṃ gatā
putte ca te passissasi sūtisāye [3] ca dakkhasi.
7. Hatthena hatthe te dinnaṃ na mayhaṃ upakappati
bhikkhū ca sīlasampanne vītarāge bahussute.
8. Tappehi annapānena mamaṃ dakkhiṇam ādisi
tadāhaṃ sukhitā hessaṃ sabbakāmasamiddhinīti.
9. Tato sādhū 'ti so paṭisuṇitvā dānaṃ vipulam ākiri [4]
annaṃ pānam khādanīyaṃ vatthaṃ senāsanāni ca.
10. Chattaṃ gandhañ ca mālañ ca vividhāni [5] upāhanā
bhikkhū ca sīlasampanne vītarāge bahussute.
11. Tappetvā annapānena tassā dakkhiṇam ādisīti.
12. Samanantarānudiṭṭhe (II. 1. 8, *c*, 9, *a*, *b*).
13. (= II. 1. 9, *c*.) sāmikaṃ upasaṃkamīti.
14. 15. 16. (= II. 1. 10, 11, 12.)
17. (= II. 4. 2.)
18. (= II. 3. 34, *a*, *b*.)
ciraṃ jīva gahapati saha sabbehi ñātīhi.

---

[1] B. tayi cāpi.
[2] B.—C[1]. D[1]. om.—C. D. only: tattha annañ ca pānañ ca putte sūtisāye dakkhasīti.
[3] B. sāṇisāro. [4] C[1]. ākāri. [5] B. °dhā ca.

---

* C[1]. D[1]. om.—B. caṇḍi ca pharusā cāsi.—C. athassa sā.—D. athassā sā.

19. (= II. 3. 35, *a*, *b*, *c*.) dānaṃ datvāna gahapati.
20. (= II. 3. 36.)

Nandāpetavatthu.

II. 5.

1. Alaṃkato Maṭṭakuṇḍalīti . . .

Maṭṭakuṇḍalipetavatthu.*

II. 6.

1. Uṭṭhehi Kaṇhe kī sesi ko attho supinena te
yo ca tuyhaṃ sako bhātā hadayaṃ cakkhuñ ca dakkhiṇaṃ
tassa vātā balīyanti[1] Ghaṭo jappati Kesavā 'ti.
2. Tassa taṃ vacanaṃ sutvā Rohiṇeyyassa Kesavo
taramānarūpo vuṭṭhāyi[2] bhātu sokena addhito 'ti.
3. Kin nu ummattarūpo 'va kevalaṃ Dvārakaṃ imaṃ
saso saso 'ti lapasi kīdisaṃ sasam icchasi.
4. Sovaṇṇamayaṃ maṇimayaṃ lohamayaṃ atha rūpimayaṃ
saṅkhasilāpavāḷamayaṃ kārayissāmi te sasaṃ.
5. Santi aññe pi sasakā araññavanagocarā
te pi te anayissāmi kīdisaṃ sasam icchasīti.
6. Nāhaṃ me te sase icche ye sasā paṭhavīnissitā
candato sasam icchāmi taṃ me ohara Kesavā 'ti.
7. So nanda[3] madhuraṃ ñāti jīvitaṃ vijahissasi
apatthayaṃ patthayasi candato sasam icchasīti.

---

[1] B. vāta pha°.—C[1]. D[1]. bhātā.
[2] B. °si. [3] B. nuna.

---

* C[1]. D[1]. om.—B. Matthakuṇḍalipetīvatthu pañcamaṃ.—C. D. tattha yaṃ vattabbaṃ Paramatthadīpaniyaṃ Vimānavatthuvaṇṇanāyaṃ Maṭṭakuṇḍalivimānavatthuvaṇṇanāyaṃ vuttaṃ tasmā tattha vuttanayen' eva veditabbaṃ.—See Vimāna-vatthu lxxxiii.

8.* Evañ ce [1] Kaṇha jānāsi yath' aññam anusāsasi
kasmā pure mataṃ [2] puttaṃ ajāpi [3] m' anusocasīti.
9. Ye na [4] labbhā manussena amanussena vā pana
jāto me mā marī putto kuto labbhā alabbhiyam.
10. Na [5] mantā mūlabhesajjā osadhehi dhanena vā
sakkā ānayituṃ Kaṇha yaṃ petam anusocasīti.
11. Mahaddhanā mahābhogā raṭṭhavanto pi khattiyā
pahūtadhanadhaññāso [6] te pi no ajarāmarā.
12. Khattiyā brāhmaṇā vessā suddā caṇḍālapukkusā
ete maññe ca jātiyā [7] te pi no ajarāmarā.
13. Ye mantaṃ taṃ [8] parivattenti [9] chaḷaṅgaṃ brahma-
cintitaṃ
ete maññe [10] ca vijjāya te pi no ajarāmarā.
14. Isayo vā pi ye santā saññatattā tapassino
sarīraṃ te pi kālena vijahanti tapassino.
15. Bhāvitattā viharantā katakiccā anāsavā
nikkhipanti imaṃ dehaṃ puññapāpaparikkhayā 'ti.
16. Ādittam vata maṃ [11] santaṃ ghatasittaṃ 'va pāvakaṃ
vārinā viya osiñci sabbaṃ nibbāpaye daraṃ.
17. Abbūḷhaṃ vata me sallaṃ sokaṃ hadayanissitaṃ
yo me sokaparetassa puttasokaṃ apānudī.
18. So'haṃ abbūḷhasallo 'smi sītibhūto 'smi nibbuto
no socāmi na rodāmi tava sutvāna bhāsitaṃ.
19. Evaṃ karonti sappaññā ye honti anukampakā
vinivattayati [12] sokamhā Ghato jeṭṭhaṃ 'va bhātaraṃ.
20. Yassa etādisā honti amattaparicārikā [13]
subhāsitena anvesi [14] Ghato jeṭṭhaṃ 'va bhātaraṃ.

Kaṇhapetavatthu.

---

[1] B. ca. [2] B. petam. [3] B. ajjāpi. [4] B. na taṃ.
[5] B. C.—D. Cᴵ. Dᴵ. nāmanā. [6] B. se.
[7] B.—Cᴵ. Dᴵ. jātiññā. [8] B. om. [9] B.—Cᴵ. Dᴵ. °ttanti.
[10] C. c' aññe. [11] C. me. [12] B. nivattayanti.
[13] B. amaccā.—Cᴵ. °ntā. [14] B. anventi.

---

* Cᴵ. Dᴵ. om.

II. 7.

1. Naggo dubbaṇṇarūpo si kiso dhamanisaṃṭhito
uppḥāsuliko kisiko ko nu tvam asi mārisā 'ti.
2. Ahaṃ bhadante peto 'mhi duggato Yamalokiko
pāpakammaṃ karitvāna petalokam ito gato 'ti.
3. Kin nu kāyena vācāya manasā dukkaṭaṃ kataṃ
kissa kammavipākena petalokam ito gato 'ti.
4. Nagaraṃ atthi Dasaṇṇānaṃ Erakacchan 'ti vissutaṃ
tattha seṭṭhī pure āsiṃ Dhanapālo 'ti maṃ vidu.
5. Asīti sakaṭavāhānaṃ [1] hiraññassa ahosi me
pahūtaṃ me jātarūpaṃ muttāveḷuriyā bahū.
6. Tāva mahādhanassāmī [2] na me dātuṃ piyaṃ [3] ahu
pidahitvā dvāraṃ bhuñjāmi mā maṃ yācanakāddasuṃ.
7. Assaddho maccharī vāsiṃ [4] kadariyo paribhāsako
dadantānaṃ karontānaṃ vārayissaṃ [5] bahujanaṃ.
8. Vipāko natthi dānassa saṃyamassa kuto phalaṃ
pokkharaññodapānāni ārāmāni ca ropite
papāyo ca vināsesiṃ dugge saṃkamanāni ca.
9. Sv āhaṃ akatakalyāṇo katapāpo tato cuto
uppanno petavisayaṃ [6] khuppipāsasamappito
pañcapaṇṇāsavassāni tato kālaṃkato ahaṃ.
10. Nābhijānāmi bhuttam vā pītaṃ vā pānīyaṃ
yo saṃyamo so [7] vināso yo vināso so saṃyamo
*petā hi kira [8] jānanti so [9] saṃyamo so vināso.
11. Ahaṃ pure saṃyamissam [10] nādāsiṃ bahuke dhāne
santesu deyyadhammesu dīpaṃ nākāsim attano.
12. Sv āham pacchānutappāmi attakammaphalupeto [11]
uddhaṃ catūhi māsehi kālakiriyā bhavissati.

---

[1] C. °hanaṃ. [2] B. °pi. [3] C.[1] D.[1] viyaṃ. [4] B. cāpi.
[5] B. vāyarissaṃ bahujjanaṃ. [6] B. pitti°.
[7] B.—C[1]. D[1]. adds: saṃyamo so. [8] C. D. tirā.
[9] B. yo. [10] B.—C[1]. D[1]. °yamassaṃ. [11] B. °pago.

---

* C[1]. D[1]. om.

13. Ekantaṃ kaṭukaṃ ghoraṃ nirayaṃ papatiss' ahaṃ [1]
catukaṇṇaṃ catudvāraṃ vibhattaṃ bhāgaso mitaṃ
ayopākārapariyantaṃ ayasā paṭikujjitaṃ.
14. Tassa ayomayā bhūmi jalitā tejasā yutā
samantā yojanasataṃ pharitvā tiṭṭhati sabbadā.
15. Tatthāhaṃ dīghamaddhānaṃ dukkhaṃ vedissavedanaṃ
phalaṃ pāpassa kammassa tasmā socām' aha-
bbhusaṃ.
16. Taṃ vo vadāmi bhaddaṃ vo [2] yāvant' ettha samāgatā
mā kattha pāpakaṃ kammaṃ āviṃ vā yadi vā raho.
17. Sace taṃ pāpakaṃ kammaṃ karissatha karotha vā
na vo [3] dukkhā pamutt' atthi upacchāpi [4] palāyitaṃ
18. Matteyyā [5] hotha petteyyā kule [6] jeṭṭhāpacāyikā
sāmaññā hotha brahmaññā evaṃ saggam gamissathā 'ti
19. *Na antalikkhe na samuddamajjhe
na pabbatānaṃ vivaraṃ [7] pavissa
na vijjati so chagatippadeso
yattha ṭhito muñceyya pāpakammā 'ti.

Dhanapālapetavatthu.

II. 8.

1. Naggo kiso pabbajito si bhante rattiṃ kuhiṃ gacchasi
kissa hetu
ācikkha me taṃ api sakkunemu sabbena vittaṃ paṭi-
pādaye tuvan 'ti.
2. Bārāṇasinagaraṃ dūraghuṭṭhaṃ tatthāhaṃ gahapati
aḍḍhako [8] dīno
adātā gathitamano āmisasmiṃ dussīlena [9] Yamavi-
sayamhi patto.

---

[1] B. °ssāhaṃ. [2] B. °dan te. [3] B. te.
[4] B. upaccāpi pateyataṃ.
[5] C[1]. D[1].—C. B. me°—D. matteyyo. [6] B. adds: ca.
[7] D[1]. adds: na. [8] B. ahu dinno. [9] B. dussilyena.

---

* B. C. D. om.

3. So sūcikāya kilamito tehi ten' eva ñātīsu yāmi āmisakiñcihetu
adānasīlā na ca saddahanti dānaphalaṃ hoti paramhi loke.
4. Dhītā ca mayhaṃ lapate [1] abhikkhaṇaṃ dassāmi dānaṃ pitunnaṃ pitāmahānaṃ
upakkhataṃ [2] parivisayanti brāhmaṇā yāmi 'haṃ Andhakāvindaṃ bhottun 'tīti.[3]
5. Tam avoca rājā tavam anubhaviyāna taṃ hi [4]
eyyāsi khippaṃ aham pi karissa [5] pūjaṃ
ācikkha me taṃ yadi atthi hetu
saddhāyitaṃ hetuvahe [6] suṇoma.
6. Tathā 'ti vatvā agamāsi tattha bhuñjiṃsu bhattaṃ na pana [7] dakkhiṇārahā
pacchā gamī Rājagahaṃ punāparaṃ pāturahosi purato janādhipassa.
7. Disvāna petaṃ punar eva [8] āgataṃ rājā avoca ahaṃ pi kiṃ dadāmi
ācikkha me taṃ yadi atthi hetu yena tvaṃ [9] ciratarapaṃ pīṇito siyā.
8. Buddhaṃ ca saṃghaṃ parivisayāna rāja annena pānena pi cīvarena
taṃ dakkhiṇaṃ ādisa me hitāya evaṃ ahaṃ ciratarapaṃ pīṇito siyā.
9. Tato ca rājā nipatitvā [10] tāvad eva dānam sahatthā atulañ ca daditvā [11]
saṃghe ārocayi pakatiṃ [12] tathāgatassa [13] petassa padakkhiṇaṃ ādisittha.
10. So pūjito ativiyasobhamāno pāturahosi purato janādhipassa
yakkho 'ham asmiṃ paramiddhipatto na mayham iddhisamasadisā manussā.

---

[1] B. labhate.—C[1]. lapapatte.
[2] B. adds: tam upa°.—D[1]. upe°. [3] C. D. C[1]. D[1].
[4] B. pi. [5] B. karessaṃ. [6] B. °vaco. [7] B. ca.
[8] B. punad eva. [9] B. tuvaṃ. [10] B. parivisayitvā.
[11] B. datvā. [12] B. om. [13] B. adds: tassa.

11. Passānubhāvaṃ aparimitaṃ mamay idaṃ
tayānusiṭṭhaṃ atulaṃ daditvā saṃghe
saṃtappito satataṃ sadā bahūhi
yāmi ahaṃ sukhito manussadevā 'ti.

Cūḷaseṭṭhīpetavatthu.

II. 9.

1. Yassa atthāya gacchāma Kambojaṃ dhanahārakā
ayaṃ kāmadado yakkho imaṃ yakkhaṃ niyāmase.
2. Imaṃ yakkhaṃ gahetvāna sādhukena pasayha [1] vā
yānaṃ āropayitvāna khippaṃ gacchāma Dvārakan 'ti.
3. Yassa rukkhassa chāyāya nisīdeyya sayeyya vā
na tassa sākhaṃ bhañjeyya mittadubbho hi pāpako 'ti.
4. Yassa rukkhassa chāyāya nisīdeyya sayeyya vā
khandam pi tassa chindeyya attho ce tādiso [2] siyā 'ti.
5. Yassa rukkhassa chāyāya nisīdeyya sayeyya vā
na tassa pattaṃ bhindeyya [3] mittadubbho hi pāpako 'ti.
6. Yassa rukkhassa chāyāya nisīdeyya sayeyya vā
samūlaṃ [4] pi taṃ [5] abbuyha [6] attho p' [7] etādiso siyā' ti.
7. Yass' ekarattim hi ghare vaseyya, yattha [8] 'nnapānaṃ
puriso labhetha
na tassa pāpaṃ manasāpi cetaye, [9] kataññutā sappurisehi
vaṇṇitā.
8. Yass' ekarattim pi ghare vaseyya, annena [10] pānena
upaṭṭhito siyā
na tassa pāpaṃ mānasāpi cetaye, [9] adubbhapāṇī [11] da-
hate mittadubbhiṃ.
9. Yo pubbe katakalyāṇo [12] pacchā pāpena hiṃsati
allapāṇihato [13] poso na so bhadrāni passatīti.

---

[1] B. paseyha. [2] C. B.—C¹. D¹. D. tātiso. [3] B. hiṃseyya.
[4] B. °lakaṃ. [5] B. om. [6] C. abbhuyha. [7] B. ce.
[8] B. yassa. [9] B. cintaye. [10] B. tatthanna°.
[11] B. adubbhi°. [12] B.—D¹. D.—C¹. C. °ṇe. [13] B. adubbhi.

10. *Yo appaduṭṭhassa narassa dussati, suddhassa posassa anaṅganassa
tam eva bālaṃ pacceti pāpaṃ, sukhumo rajo pativātaṃ 'va khitto 'ti.
11. Nāhaṃ devena vā manussena vā, issariyena vāhaṃ suppasayho [1]
yakkho 'ham asmi paramiddhipatto, dūraṃgamo vaṇṇabalupapanno 'ti.
12. Pāṇi te sabbasovaṇṇo pañcadhāro madhussavo
nānārasā paggharanti maññe 'han taṃ Purimdadaṃ.
13. N'amhi devo na gandhabbo na pi Sakko Purimdado
petam Aṅkura jānāhi Bheruvamhā [2] idhāgataṃ.[3]
14. Kiṃ sīlo kiṃ samācāro Bheruvasmiṃ [2] pure tuvaṃ
kena te brahmacariyena puññaṃ pāṇimhi ijjhati.
15. Tantavāyo [4] pure āsiṃ Bheruvasmiṃ tadā ahaṃ
sukicchavutti kapaṇo na me vijjati [5] dātave.
16. Āvesanañ ca me āsi Asayhassa upantike
saddhassa dānapatino katapuññassa lajjino.
17. Tattha yācanakā yanti nānāgottā vanibbakā
te ca maṃ tattha pucchanti Asayhassa nivesanaṃ.
18. Tattha [6] gacchāmi bhaddaṃ vo kattha dānaṃ padīyati
tenāhaṃ [7] puṭṭho vakkhāmi [8] Asayhassa nivesanaṃ.
19. Paggayha dakkhiṇaṃ bāhuṃ ettha gacchatha bhaddaṃ vo
ettha dānaṃ padīyati tena pāṇi kāmadado
tena pāṇi maddhussavo tena me brahmacariyena
puññaṃ pāṇimhi ijjhati.
20. Na kira tvaṃ adā dānaṃ sakapāṇīhi kassaci
parassa dānaṃ anumodamāno pāṇiṃ paggayha pāvadi.[9]
21. Tena pāṇi kāmadado tena pāṇi madhussavo
tena me brahmacariyena puññaṃ pāṇimhi ijjhati.

---

[1] B. appa°. [2] B. Rorūvamhā.—C[1]. Bhera°.
[3] B. ito gataṃ. [4] B. thunnaṃ. [5] C. D[1].—D. C[1]. vijjhati.
[6] B. kattha. [7] B. tesāhaṃ. [8] C. C[1]. akkhāmi.
[9] D[1]. pāvādi.

---

* B. om.

22. Yo so dānam adā bhante pasanno sakapāṇīhi
so hitvā mānusaṃ dehaṃ kin nu so disataṃ gato.
23. Nāhaṃ jānāmi asayhasāhino[1] Aṅgīrasassa gatiṃ[2]
āgatiṃ vā
sutaṃ ca me Vessavaṇassasantike Sakkassa sahavyataṃ gato Asayho.
24. Alam eva kātuṃ kalyāṇaṃ dānaṃ dātuṃ yathārahaṃ
pāṇi kāmadadaṃ disvā ko puññaṃ na karissati.
25. So hi nuna ito gantvā anuppatvāna Dvārakaṃ
dānaṃ (taṃ) paṭṭhāpayissāmi[3] yaṃ mam' assa sukhāvahaṃ.
26. Dassāmi annapānañ ca vatthasenāsanāni ca
papañ ca udapānañ ca dugge saṃkamanāni cā 'ti.
27. Kena te aṅgulī kuṇḍā mukhañ ca kuṇḍalīkataṃ
akkhīni ca paggharanti kiṃ pāpaṃ pakataṃ tayā 'ti.
28. Aṅgīrasassa gahapatino saddhassa gharam esino
tassāhaṃ dānavissagge dāne[4] adhikato ahu.
29. Tattha yācanake disvā āgate bhojanatthike[5]
ekamantaṃ apakkamma akāsiṃ kuṇḍalīmukhaṃ.
30. Tena me aṅgulī kuṇḍā mukhañ ca kuṇḍalīkataṃ
akkhīni ca paggharanti taṃ pāpaṃ pakataṃ mayā 'ti.
31. Dhammena te kāpurisa mukhañ ca kuṇḍalīkataṃ
akkhīni ca paggharanti yaṃ tvaṃ parassa dānassa
akāsi kuṇḍalīmukhan 'ti.
32. Kathaṃ hi dānaṃ dadamāno kareyya parapattiyaṃ
annapānaṃ khādanīyaṃ vatthasenāsanāni cā 'ti.
33. So hi nuna ito gantvā anuppatvāna Dvārakaṃ
dānaṃ paṭṭhāpayissāmi yaṃ mam' assa sukhāvahaṃ.
34. Dassām' annañ ca pānañ ca vatthaṃ senāsanāni ca
Papañ ca udapānañ ca dugge ca saṃkamanāni cā 'ti.
35. Tato hi so nivattitvā anuppatvāna Dvārakaṃ
dānaṃ paṭṭhayi[6] Aṅkuro yan tam assa sukhāvahaṃ.

---

[1] B. °ssa seṭṭhino.—C[1]. D[1]. °vā°. [2] B. gati cāgatiṃ.
[3] B. patthapayissāmi.—C[1]. D[1]. pati°. [4] B. dānaṃ.
[5] B. C. D.—C[1]. D[1]. °ntike.
[6] C[1]. D[1]. pattayi.—B. paṭṭhapayi' ṅkuro.

36\. Adā annañ ca pānañ ca vatthasenāsanāni ca
papañ co udapānañ ca vippasannena cetasā.
37\. Ko chāto ko ca [1] tasito ko vattham parivassati [2]
kassa santāni yoggāni ito yojentu vāhanaṃ.
38\. Ko chatt' icchati gandhañ ca ko mālaṃ ko upāhanaṃ
iti su [3] tattha ghosenti kappakā sūdamāgadhā [4]
sadā sāyañ ca pāto ca Aṅkurassa nivesane 'ti.
39\. Sukhaṃ supati Aṅkuro iti jānāti maṃ jano
dukkhaṃ supāmi Sindhaka [5] yaṃ na passāmi yācake.
40\. Sukhaṃ supati Aṅkuro iti jānāti maṃ jano
dukkhaṃ Sindhaka supāmi appake su vanibbake.
41\. Sakko ce te varaṃ dajjā Tāvatiṃsānam issaro
kissa sabbassa lokassa varamāno varaṃ vare 'ti.
42\. Sakko ce me varaṃ dajjā Tāvatiṃsānam issaro
kāluṭṭhitassa me sato suriyass' uggamanaṃ pati.
43\. Dibbā bhakkhā pātubhaveyyuṃ sīlavanto ca yācakā
dadato me na khīyetha datvā nānutappeyyāhaṃ
dadaṃ cittaṃ pasādeyya evaṃ Sakkavaraṃ vare 'ti.
44\. Na sabbavittāni pare pavecche [6], dadeyya dānañ ca dhānañ ca rakkhe
tasmā hi dānā dhanam eva seyyo, atippadānena kulā na honti.
45\. Adānam atidānañ ca na pasaṃsanti paṇḍitā
tasmā hi dānā dhanam eva seyyo, samena vatteyya sa dhīradhammo 'ti.
46\. Aho vatāre aham eva dajjaṃ, santo hi [7] maṃ sappurisā bhajeyyaṃ
megho 'va ninnāni hi pūrayanto, saṃtappaye sabbavanibbakānaṃ.
47\. Yassa yācanake disvā mukhavaṇṇo pasīdati
datvā attamano hoti taṃ gharaṃ vasato sukhaṃ.
48\. Yassa yācanake disvā mukhavaṇṇo pasīdati
datvā attamano hoti esā puññassa [8] saṃpadā.

---

[1] B.—C¹. D¹. om.
[2] B. paridahissati.
[3] B. suta.—C¹. D¹. ssa.
[4] B. sudā pātavā.
[5] B. sinduke.
[6] B. saṃvacche.
[7] B. dadanto ca.
[8] B. yaññassa.

49. Pubbe va dānā sumano dadaṃ cittaṃ pasādeyya
datvā attamano hoti eso puññassa sampadā.
50. Saṭṭhi vāhasahassāni Aṅkurassa nivesane
bhojanaṃ dīyate niccaṃ puññapekkhassa jantuno.
51. Jānā tisahassā[1] sūdā āmuttamaṇikuṇḍalā
Aṅkuraṃ upajīvanti dāne yaññassa pāvaṭā.
52. Saṭṭhi parisasahassāni[2] āmuttamaṇikuṇḍalā
Aṅkurassa mahādāne kaṭṭhaṃ phālenti mānavā.
53. Soḷasitthisahassāni sabbālaṃkārabhūsitā
Aṅkurassa mahādāne vidhā piṇḍenti nāriyo.
54. Soḷasitthisahassāni sabbālaṃkārabhūsitā
Aṅkurassa mahādāne dabbigāhā upaṭṭhitā.
55. Bahuṃ bahūnaṃ pādāsi ciraṃ pādāsi khattiye
sakkaccaṃ ca sahatthā vittiṃ[3] katvā punappunaṃ.
56. Bahumāse pakkhe ca utusaṃvaccharāni ca
mahādānaṃ pavattesi Aṅkuro dīgham antaraṃ.
57. Evaṃ datvā yajitvā ca Aṅkuro dīgham antaraṃ
hitvā mānusaṃ dehaṃ Tāvatiṃsūpago ahū 'ti.
58. Kaṭacchubhikkhaṃ datvāna Anuruddhassa Indako
so hitvā mānusaṃ dehaṃ Tāvatiṃsūpago ahu.
59. Dasahi ṭhānehi Aṅkuraṃ Indako atirocati
rūpe sadde rase gandhe poṭṭhabbe ca manorame.
60. Āyunā yasasā c'eva vaṇṇena ca sukhena ca
ādhipaccena Aṅkuraṃ Indako atirocatīti.
61. Mahādānaṃ tayā dinnaṃ Aṅkura dīgham antaraṃ
avidūre nisinno si āgaccha mama santike 'ti.
62. Tāvatiṃse yadā buddho silāyaṃ paṇḍukambale
pāricchattakamūlamhi vihāsi purisuttamo.
63. Dasasu lokadhātūsu saṃnipatitvāna devatā
payirupāsanti[4] sambuddhaṃ vasantaṃ nagamuddhani.
64. Na ko ci devo vaṇṇena sambuddhaṃ atirocati
sabbe deve adhigayha[5] sambuddho 'va virocati.

---

[1] B. °ssāni sudaniṃ. [2] B. purisa°.
[3] C[1]. D[1]. pīti.—B. vitti. [4] B. parirū°.
[5] B. atikkama.

65. Yojanāni dasa c' eva [1] Aṅkuro 'yaṃ tadā ahu
avidūre ca buddhassa Indako atirocati.
66. Oloketvāna sambuddho Aṅkurañ cāpi Indakaṃ
dakkhiṇeyyaṃ pabhāvento [2] idaṃ vacanam abrūvi.
67. Mahādānaṃ tayā dinnaṃ Aṅkura dīgham antaraṃ
atidūre [3] nisinno si āgaccha mama santikaṃ.
68. Codito bhāvitattena [4] Aṅkuro idam abruvi
kiṃ mayhaṃ tena dānena dakkhiṇeyyena suññataṃ.[5]
69. Ayaṃ so Indako yakkho dajjā dānam parittakaṃ
atirocati amhehi cando tāragaṇe yathā.
70. Ujjhaṅgale yathā khette bījaṃ bahukaṃ pi ropitaṃ
na vipulaṃ na phalaṃ [6] hoti na pi [7] toseti kassakaṃ.
71. Tath' eva dānaṃ bahukam dussīlesu patiṭṭhitaṃ
na vipulaṃ na phalaṃ [6] hoti na hi toseti dāyake.
72. Yathā pi bhaddake khette bījaṃ appaṃ viropitaṃ
sammādhāraṃ pavecchante phalaṃ toseti kassake.
73. Tath' eva sīlavantesu guṇavantesu tādīsu
appakaṃ pi kataṃ kāraṁ puññaṃ hoti mahapphalan 'ti·
74. Viceyya dānaṃ dātabbaṃ yattha dinnaṃ mahapphalaṃ
viceyya dānaṃ datvāna saggaṃ gacchanti dāyakā.
75. Viceyya dānaṃ sugatappasetthaṃ ye dakkhiṇeyyā idha jīvaloke
etesu dinnāni mahapphalāni bījāni vuttāni yathā sukhette 'ti.

Aṅkurapetavatthu.

II. 10.

1. Divā vihāragataṃ bhikkhuṃ Gaṅgātīre nisinnakaṃ
taṃ petī upasaṃkamma dubbaṇṇabhīrudassanā.
2. Kesā c'assā atidīghā yāva bhummāvalambare
kesehi sā paṭicchannā samaṇaṃ etad abruvīti.

---

[1] B. dve ca. [2] B. sambhā°. [3] B. suvi°.
[4] B. °tthena. [5] B., C. D.—C[1]. D[1]. sa°.
[6] B. na vipulaphalaṃ. [7] B. nāpi.

3. Pañcapaṇṇāsavassāni yato kālakatā ahaṃ
nābhijānāmi bhuttaṃ vā pītaṃ vā pānīyaṃ
dehi tvaṃ [1] pānīyaṃ bhante tasitā pānīyāya me' ti.
4. Ayaṃ sītodakā Gaṅgā Himavantato sandati
piva etto gahetvāna kiṃ maṃ yācasi pānīyaṃ.
5. Sacāhaṃ bhante Gaṅgāyaṃ sayaṃ gaṇhāmi pānīyaṃ
lohitaṃ me parivattati tasmā yācāmi pānīyaṃ.
6. Kin nu kāyena vācāya manasā dukkaṭaṃ kataṃ
kissa kammavipākena Gaṅgā te hoti lohitaṃ.
7. *Putto me bhante Uttaro [2] saddho āsi upāsako
so ca mayhaṃ [3] akāmāya samaṇānaṃ pavecchati [4]
cīvaraṃ piṇḍapātañ ca paccayaṃ sayanāsanaṃ.
8. Tam ahaṃ paribhāsāmi maccherena upaddutā
yan taṃ [5] mayhaṃ akāmāya samaṇānaṃ pavecchasi.
9. Cīvaraṃ piṇḍapātañ ca paccayaṃ sayanāsanaṃ
etan te paralokasmiṃ lohitaṃ hotu Uttara
tassa kammavipākena Gaṅgā me hoti lohitan 'ti.

Uttaramātupetavatthu.

II. 11.

1. Ahaṃ pure pabbajitassa bhikkhuno suttaṃ
adāsi upagamma yācitā [6] tassa
vipāko vipulaṃ phal [7] 'ūpalabbhati
bahū [8] ca me uppajjare vatthakoṭiyo.
2. Pupphābhikiṇṇaṃ ramitaṃ [9] vimānaṃ
anekacittaṃ naranārīsevitaṃ [10]
sāhaṃ bhuñjāmi ca pārupāmi ca
pahūtavittā na ca tāva khīyati.

---

[1] B. me. [2] C. D. adds: nāma. [3] B. mayam.
[4] B. pavacchati. [5] B. tvaṃ. [6] B. °to. [7] B. phalam.
[8] B. bahukā. [9] B. rammam idaṃ. [10] B. °nārīhi se°.

---

* C[1]. D[1]. om.

3. Tass' eva kammassa vipākam anvayā
sukhañ ca sātañ ca idh' ūpalabbhati
sāhaṃ gantvā punam eva mānusaṃ
kāhāmi puññāni nay' [1] ayyaputta man 'ti.
4. Satta [2] tuvaṃ vassasatā idhāgatā
jiṇṇā ca vuḍḍhā ca tahiṃ bhavissasi
sabbe ca te kālaṃkatā 'va ñātakā
tvaṃ tattha gantvāna ito karissasīti.
5. Satt' eva vassāni idhāgatāya me
dibbañ ca sukhañ ca samappitāya
sāhaṃ gantvā punar eva mānusaṃ
kāhāmi puññāni nay' ayyaputta man 'ti.
6. So taṃ gahetvāna pasayha bāhāyaṃ
paccānayitvāna punar eva theriṃ sudubbalaṃ
vajjesi aññaṃ pi janaṃ idhāgataṃ
karotha puññāni sukh' ūpalabbhatīti.
7. Diṭṭhā mayā akatena sādhunā
petā vihaññanti tath' eva mānusā
kammañ ca katvā sukhavedanīyaṃ
devā manussā ca sukhe ṭhitā pajā 'ti.

Suttapetavatthu.

II. 12.

1. Sovaṇṇasopānaphalakā sovaṇṇavālukasaṃṭhitā
tattha sogandhiyo vaggū sucigandhā manoramā.
2. Nānārukkhehi saṃchannā nānāgandhasamīritā [3]
nānāpadumasaṃchannā puṇḍarīkasamāgatā.[4]
3. Surabhī sampavāyanti manuññā māluteritā
haṅsakoñcābhirudā [5] cakkavākābhikujitā.
4. Nānādijagaṇakiṇṇā nānāsaragaṇayutā [6]
nānāphaladharā rukkhā nānāphaladharā vanā.

---

[1] D. naye. [2] D[1]. sattaṃ. [3] B. samerita.
[4] B. °samohatā. [5] B. adds: ca. [6] B. °rutā.

5. Na manussesu īdisaṃ nagaraṃ yādisaṃ idaṃ
pāsādā ca bahukā tuyhaṃ sovaṇṇarūpiyamayā.
6. Daddallamānā ābhenti samantā caturo disā
pañca dāsīsatā tuyhaṃ yā temā paricārikā.
7. Tā kambukāyūradharā kañcanācelabhūsitā
pallaṅkā bahukā tuyhaṃ sovaṇṇaruciyāmayā.
8. Kadalīmigasaṃchannā saṃjāto [1] goṇakasaṃṭhitā
yattha tuvaṃ [2] vāsūpagatā sabbakāmasamiddhinī.
9. Sampattāya [3] aḍḍharattāya tato uṭṭhāya gacchasi
uyyānabhūmiṃ gantvāna pokkharaññā samantato.
10. Tassā tīre tuvaṃ [4] thāsi harite saddale subhe
tato te kaṇṇamuṇḍo ca sunakho aṅgamaṅgāni khādati.
11. Yadā ca khāyitā āsi aṭṭhisaṃkhalikā katā
ogāhasi pokkharaṇiṃ hoti kāyo yathā pure.
12. Tato tvaṃ uggacchantī [5] sucārū [6] piyadassanā
vatthena pārupitvāna āyāsi mama santikaṃ.
13. Kin nu kāyena vācāya manasā dukkaṭaṃ kataṃ
kissa kammavipākena kaṇṇamuṇḍo ca sunakho
aṅgamaṅgāni khādatīti.
14. Kimbilāyaṃ [7] gahapati saddho āsi upāsako
tassāhaṃ bhariyā āsi dussīlā aticārinī
evam [8] aticaramānāya sāmiko etad abruvi.
15. n' etaṃ channaṃ [9] paṭirūpaṃ yaṃ tvaṃ aticarāsi maṃ
sāhaṃ ghoraṃ ca sapathaṃ musāvādaṃ [10] abhāsissaṃ. [11]
16. Nāhan taṃ aticarāmi kāyena uda cetasā
sacāhan taṃ aticarāmi kāyena uda cetasā.
17. Ayaṃ kaṇṇamuṇḍo sunakho aṅgamaṅgāni khādatu
tassa kammassa vipākaṃ musāvādassa c' ūbhayaṃ.
18. Sattavassasatāni ca [12] anubhūtaṃ yato pi [13] me
kaṇṇamuṇḍo ca sunakho aṅgamaṅgāni khādatīti.

---

[1] B. sajjā goṇakasandhatā. [2] B. tvaṃ.
[3] B. adds: te saṃ°. [4] D. tvaṃ. [5] B. aṅgapaccaṅgī.
[6] B. sūcā.—C[1]. D[1]. saccāru. [7] B. Kimilāya.
[8] B. so maṃ. [9] B. adds: n' etaṃ.
[10] B. adds: ca. [11] D[1]. °si 'haṃ.—C. °saṃ.
[12] B. om. [13] B. hi.

19. Tvañ ca deva bahūpakāro atthāya me idhāgato
sumuttāhaṃ kaṇṇamuṇḍassa asokā akutobhayā.
20. Nāhaṃ deva namassāmi yācāmi añjalīkatā
bhuñja amānuse kāme rama deva mayā sahā 'ti.
21. Bhutvā[1] amānusā kāmā ramito 'mhi tayā saha
tāhaṃ subhage yācāmi khippaṃ paṭinayāhi man 'ti.

Kaṇṇamuṇḍapetavatthu.

II. 13.

1. Ahu rājā Brahmadatto Pañcālānaṃ rathesabho
ahorattānam accayā rājā kālaṃ kari[2] tadā.
2. Tassa āḷāhanaṃ gantvā bhariyā kandati Ubbarī
Brahmadattaṃ apassantī Brahmadattā 'ti kandati.
3. Isi ca tattha āgacchi sampannacaraṇamuni
So ca tattha apucchittha ye tattha su samāgatā.
4. Kassa c'[3] idaṃ āḷāhanaṃ nānāgandhasameritaṃ
kassāyaṃ kandati bhariyā ito dūragatam patiṃ
Brahmadattaṃ apassantī Brahmadattā 'ti kandati.
5. Te ca tattha viyākaṃsu ye tattha su samāgatā
Brahmadattassa bhaddan te Brahmadattassa mārisa.
6. Tassa idaṃ āḷāhanaṃ nānāgandhasameritaṃ
tassāyaṃ kandati bhariyā ito dūragataṃ patiṃ
Brahmadattaṃ apassantī Brahmadattā 'ti kandatīti.
7. Chaḷasītisahassāni Brahmadattassa nāmakā
imasmiṃ āḷāhane daḍḍhā tesaṃ kaṃ anusocasīti.
8. *Yo rājā Cūlanīputto Pañcālanaṃ rathesabho
taṃ bhante anusocāmi bhattāraṃ sabbakāmadadan[4] 'ti.
9. Sabbe va 'hesuṃ rājāno Brahmadattassanāmakā[5]
sabbe va Cūlanīputtā Pañcālānaṃ rathesabhā.

---

[1] B. bhuttā. [2] B. akrubbatha. [3] B. om.
[4] B. °kāmadan. [5] B. °sanāmaka.

---

* C[1]. D[1]. om.

10. Sabbesaṃ anupubbena mahesittaṃ akārayi
kasmā purimake hitvā pacchimaṃ anusocasīti.
11. Ātume[1] itthibhūtāya dīgharattāya mārisa
yassā me itthibhūtāya saṃsāre bahu bhāsasīti.
12. Ahu itthī ahu puriso pasuṃ yonim pi agamā
evam etaṃ atītānaṃ pariyanto na dissatīti.
13. Ādittaṃ vata maṃ santaṃ ghatasittaṃ va pāvakaṃ
vārinā viya osiñci sabbaṃ nibbāpaye daraṃ.
14. Abbūḷhaṃ[2] vata me sallaṃ etaṃ[3] hadayanissitaṃ
yo me sokaparetāya patisokaṃ apānudi.
15. Sāhaṃ abbūḷhasallāsmi sītibhūtāsmi nibbutā
na socāmi na rodāmi tava sutvā mahāmunīti.
16. Tassa taṃ vacanaṃ sutvā samaṇassa subhāsitaṃ
pattacīvaram ādāya pabbaji anagāriyaṃ.
17. Sā ca pabbajja-upagatā[4] santā agārasmā anagāriyaṃ
mettaṃ cittaṃ abhāvesi brahmalokupapattiyā.
18. Gāmā gāmaṃ vicarantī nigame rājadhāniyo
Uruvelaṃ nāma so gāmo yattha kālam akubbatha.
19. Mettacittaṃ abhāvetvā[5] brahmalokupapattiyā
itthicittaṃ virājetvā brahmalokupagā ahū 'ti.

Ubbarīpetavatthu.

Ubbarīvaggo dutiyo.

III. 1.

1. Abhijjamāne vārimhi Gaṅgāya idha gacchasi
naggo pubbaḍḍhapeto va mālādhārī alaṃkato
kuhiṃ gamissasi[6] petaṃ kattha vāso bhavissatīti.
2. Cundatthiyaṃ[7] gamissāmi peto so[8] iti bhāsasi[9]
antare Vāsabhagāmaṃ Bārāṇasiyā santike.

---

[1] B. āhu me. [2] B., C[1]. D[1]. abbuyhaṃ.
[3] B. sokaṃ. [4] B. pabbajjitā. [5] B. ābhā°.
[6] B. °ti peto. [7] B. °ṭṭhilaṃ. [8] D. yo. [9] B. °ti.

3. Tañ ca disvā mahāmatto Koliyo iti vissuto
sattubhattañ ca petassa pītakañ ca yugaṃ adā.
4. Nāvāya tiṭṭhamānāya kappakassa adāpayi
kappakassa padinnamhi [1] ṭhāne petassa dissatha.
5. Tato suvatthavasano mālādhārī alaṃkato
ṭhāne ṭhit'assa petassa dakkhiṇā upakappatha
tasmā dajjetha petānaṃ anukampāya punappunan 'ti.
6. Sāhunnavāsino [2] eke aññe kesanivāsino
petā bhattāya [3] gacchanti pakkamanti diso disaṃ.
7. Dūre eke [4] padhāvitvā aladdhā ca nivattare
chātā pamucchitā bhantā bhūmiyaṃ paṭisumbhitā.[5]
8. Ke [6] ci tattha ca patitā [7] bhūmiyaṃ paṭisumbhitā
pubbe akatakalyāṇā aggidaḍḍhā va ātape.
9. Mayaṃ pi pubbe pāpadhammā gharaṇiyo kulamātaro
santesu deyyadhammesu dīpaṃ nākamha attano.
10. Pahūtaṃ annapānaṃ hi api su [8] avakirīyati
samāgate pabbajite na ca kiñci adamhase.
11. Akammakāmā alasā sādhukāmā [9] mahagghasā
ālopapiṇḍadātāro paṭiggahe paribhāsimhase.
12. Te gharā tā va [10] dāsiyo tān' evābharaṇāni no
te añño parihārenti [11] mayaṃ dukkhassa bhāgino.
13. Veṇiṃ vā avaññā honti rathakārī ca dubbhikā
caṇḍālī kapaṇā honti nahāminī ca punappunaṃ.
14. Yāni yāni nihīnāni kulāni kapaṇāni ca
tesu tesv eva jāyanti esā maccharino gati.
15. Pubbe ca katakalyāṇā dāyakā vītamaccharā
saggan te paripūrenti obhāsenti [12] ca Nandanaṃ.
16. Vejayante [13] ca pāsāde ramitvā kāmakāmino
uccākulesu jāyanti sabhogesu tato cutā.

---

[1] B. ca dinnamhi. [2] B. sāhunda°. [3] B. attāya.
[4] B. ke. [5] B.—C[1]. D[1]. °sambhitā. [6] B. te ca.
[7] B. papatitā. [8] B. ssu.
[9] C. C[1]. D[1]. asāsā°.—D. asādhu. [10] B. only.
[11] B. paricā°. [12] B., C. D.—C[1]. D[1]. okā°.
[13] B., C. C[1].—D[1]. D. vedayanti.

17. Kūṭāgāre ca [1] pāsāde [2] pallaṅke goṇasaṃṭhite [3]
vijitaṅgā morahatthehi kule jātā yasassino.
18. Aṅkato [4] aṅkam [4] gacchanti mālādhārī alaṃkatā
jātiyo upatiṭṭhanti sāyaṃ pātaṃ sukhesino.
19. Nay idaṃ akatapuññānaṃ katapuññānam ev' idaṃ
asokaṃ Nandanaṃ rammaṃ [5] Tidasānaṃ mahāvanaṃ
20. Sukhaṃ akatapuññānaṃ idha natthi parattha ca
sukhañ ca katapuññānaṃ idha c' eva parattha ca.
21. Tesaṃ sahavyakāmānaṃ kattabbaṃ kusalaṃ bahuṃ
katapuññā hi modanti sagge bhogasamaṅgino 'ti.

Abhijjamānapetavatthu.

III. 2.*

1. Kuṇḍinagariyo thero Sānuvāsinivāsino [6]
Poṭṭhapādo 'ti nāmena samaṇo bhāvitindriyo.
2. Tassa mātā pitā bhātā duggatā Yamalokikā
pāpakammaṃ karitvāna petalokaṃ ito gatā.
3. Te duggatā sūcikaṭṭhā kilantā naggino kisā
uttasantā mahātāsā [7] na dassenti kurūrino. [8]
4. Tassa bhātā vitaritvā naggo ekapathe 'kako
catukuṇḍiko bhavitvāna therassa dassayi' tumaṃ.
5. Thero sāmanasikatvā [9] tuṇhībhūto apakkami [10]
so ca viññāpayi thera bhātā petāgato [11] ahaṃ.
6. Mātā pitā [12] ca te bhante, *b. c. d.* = 2. *b. c. d.*
7. = 3.

---

[1] B., C. D., C¹. D¹. °resu. [2] C¹. pādesu. [3] B. goṇatthate.
[4] B. aṅga°. [5] B. only. [6] B. Sāna°—°siko.
[7] B. ottapantā mahattāsā. [8] B. kuruddhino.
[9] B. am.° [10] B. ati°. [11] B. petabhūto ahaṃ.
[12] B. pitaro te.

---

* C¹. adds from the commentary: Kuṇḍinagariyo thero 'ti ādayo pana ādito pañca gāthā tāsaṃ sambuddhadassanatthaṃ dhammasaṃgāhakehi ṭhapitā.

8. Anukampassu kāruṇiko datvā anvādisāhi[1] no
tava dinnena dānena yāpessanti kurūrino[2] 'ti.
9. Thero caritvā piṇḍāya bhikkhū aññe ca dvādasa
ekajjhaṃ saṃnipatiṃsu bhattavissattakāraṇā.[3]
10. Thero sabbe pi[4] te āha yathā laddhaṃ dadātha me
saṃghabhattaṃ karissāmi anukampāya ñātīnaṃ.
11. Niyyātayiṃsu[5] therassa thero saṃghaṃ nimantayi
datvā anvādisi thero pitu mātu ca bhātuno.
12. Idaṃ me ñātīnaṃ hotu sukhitā hontu ñātayo
samanantarānudiṭṭhe bhojanaṃ upapajjatha.
13. Suciṃ paṇītaṃ sampannaṃ anekarasavyañjanaṃ
tato uddissati[6] bhātā vaṇṇavā balavā sukhī.
14. Pahūtaṃ bhojanaṃ bhante passa naggāmhase mayaṃ
tathā bhante parakkāma[7] yathā vatthaṃ labhāmhase.
15. Thero saṃkārakūṭato uccinitvāna tantake
pilotikaṃ paṭaṃ[8] katvā saṃghe cātuddise adā.
16. Datvā anvādisi thero pitu mātu ca bhātuno
idaṃ me ñātīnaṃ hotu sukhitā hontu ñātayo.
17. Samanantarānudiṭṭhe vatthāni upapajjiṃsu[9]
tato suvatthavasano therassa[10] dassayi' tumam.
18. Vaṇṇavā balavā sukhī yāvatā Nandarājassa
vijitasmiṃ paṭicchādā tato bahutarā bhante.
19. Vatthāni' cchādanāni no koseyyakambalīyāni
khomakappāsīyāni[11] ca vipulā ca mahagghā ca
te cākāse' valambare te mayaṃ paridahāma[12]
yaṃ yaṃ hi[12] manaso piyaṃ
tathā bhante parikkāma yathā gehaṃ labhāmase.
20. Thero paṇṇakuṭiṃ[13] katvā saṃghe cātuddise adā
datvā anvādisi thero pitu mātu ca bhātuno.

---

[1] B. anudi°. [2] B. °ddino. [3] B. vosagga°.
[4] B. va. [5] B. niyyāda°. [6] C. °sati.
[7] C. D¹. C¹. parakkamma. [8] C¹. pavaṭaṃ. [9] B. uda°.
[10] C¹. D¹. padass°.—B. °rass' uddissayituttha maṃ.
[11] B. °kāni. [12] B.—C. C¹. D. D¹. om. pari°, yaṃ hi.
[13] C¹. D¹. °ṭiyaṃ.

21. Idaṃ me ñātīnaṃ hotu sukhitā hontu ñātayo
samanantarānudiṭṭhe gharāni upapajjiṃsu.
22. Kūṭāgārā nivesanā[1] vibhattā bhāgaso mitā
na manussesu īdisā yādisā no gharā idha.
23. Api dibbesu yādisā tādisā no gharā idha
daddallamānā ābhenti[2] samantā caturo disā.
24. Tathā bhante parakkāma yathā pānaṃ labhāmhase
thero karakaṃ[3] pūretvā saṃghe cātuddise adā.
25. Datvā anvādisi thero pitu mātu ca bhātuno
idaṃ me ñātīnaṃ hotu sukhitā hontu ñātayo.
26. Samanantarānudiṭṭhe pānīyaṃ upapajji su[4]
gambhīrā caturassā ca pokkharaññā sanimmitā.[5]
27. Sītūdakā supatitthā ca[6] sītā appaṭigandhiyā[7]
padumuppalasaṃchannā vārikiñjakkhapūritā.
28. Tattha nahatvā pivitvā therassa paṭidassayuṃ
pahūtaṃ pānīyaṃ bhante pāpā dukkhaphalan'ti[8] no.
29. Āhiṇḍamānā khañjāma sakkhare kusakaṇṭake[9]
tathā[10] bhante parakkāma yathā[11] yānaṃ labhāmhase.
30. Thero sipātikaṃ[12] laddhā saṃghe cātuddise adā
datvā anvādisi thero pitu mātu ca bhātuno
idaṃ me ñātīnaṃ hotu sukhitā hontu ñātayo.
31. Samanantarānudiṭṭhe petā rathena m-āgamuṃ
anukampitamha[13] bhaddante bhattena chādanena ca.
32. Gharena pānadānena[14] yānadānena c'ūbhayaṃ
munikāruṇikaṃ loke taṃ bhante vanditum āgatā'ti.

Sānuvāsipetavatthu.

---

[1] B. vesā ca. [2] B. ābha°.
[3] B. karaṇaṃ.—C[1]. D[1]. kāraṃ. [4] B. udapajjatha.
[5] B. °ñño sumāpitā. [6] B. om. [7] C[1]. D[1]. °saudh°.
[8] B.—C[1]. D[1]. °jalanti. [9] B. °kaṇḍake.—D. tusa°.
[10] B.—C. D. C[1]. D[1]. tadā. [11] B.—C. D. C[1]. D[1]. yadā.
[12] B. °ṭi°—C[1]. D[1]. C. D. sidāṭikam—and adds from the Com.: ekapaṭalaṃ upāhanaṃ.
[13] B.—C. C[1]. D. D[1]. anukampig'aṇha. [14] B. pānīya°.

III. 3.

1. Veḷuriyatthambhaṃ ruciraṃ pabhassaraṃ
vimānam āruyham anekacittaṃ
tatth' acchasi devi mahānubhāve
pathaddhani [1] paṇṇarase va cando.
2. Vaṇṇo ca te kanakassa saṃnibho
uggatarūpo [2] bhusadassanīyo [3]
pallaṅkaseṭṭhe atule nisinnā
ekā tuvaṃ natthi tuyhaṃ sāmiko.
3. Imā ca te pokkharaññā samaṅgato [4]
pahūtamāsā bahupuṇḍarīkā
suvaṇṇacuṇṇehi samaṅgamotakā [5]
na tattha paṅko palāko [6] ca vijjati.
4. Haṃsā pi [7] dassanīyā manoramā
udakasmiṃ anupariyanti sabbadā
samayya [8] vaggu [9] panadanti sabbe
vindussarā [10] dundubhīnaṃ va ghoso.
5. Daddallamānā yasasā yasassinī
nāvāya [11] tvaṃ avalamba tiṭṭhasi
āḷāracamhe [12] hasite piyaṃvade
sabbaṅgakalyāṇi bhusaṃ virocasi.
6. Idaṃ vimānaṃ virajaṃ same ṭhitaṃ
uyyānavantaṃ [13] ratinandavaḍḍhanaṃ
icchāmi te nāri anomadassane
tayā saha nandane idha moditun 'ti.
7. Karohi kammaṃ idha vedanīyaṃ
cittañ ca te idha nītaṃ [14] bhavatu
katvāna kammaṃ idha modanīyaṃ
evaṃ mamaṃ lacchasi kāmakāminin [15] 'ti.

---

[1] B. samantano. [2] B. utta°. [3] B. °neyyo.
[4] B. °ntato. [5] B. samantam otatā. [6] B. paṇṇako.
[7] C. D. adds : me. [8] B. °yā. [9] C[1]. D[1]. vatthu.
[10] C[1]. D. C. viddu.—D[1]. vagu.—B. bindu.
[11] B. adds : ca. [12] B. āḷārasame. [13] B. °vanaṃ.
[14] B. nitañ ca hotu.—C[1]. D[1]. nituṃ. [15] B. °nan 'ti.

8. Sādhū 'ti so tassā paṭisuṇitvā
akāsi kammam sahavedanīyaṃ [1]
katvāna kammaṃ tahiṃ vedanīyaṃ
uppajji māṇavo tassā sahavyatan 'ti.

Rathakārīpetavatthu.

III. 4.

1. Bhusāni eke [2] sālī punāpare
aññā [3] nārī sakamaṃsalohitaṃ
tvañ ca gūthaṃ asuci-akantikaṃ [4]
paribhuñjasi kissa ayaṃ vipāko 'ti.
2. Ayaṃ pure mātaraṃ hiṃsati
ayaṃ pana kūṭavāṇijo
ayaṃ maṃsāni khāditvā musāvādena vañceti.
3. Ahaṃ manussesu manussabhūtā
agāriṇī kulassa issarā
santesu parigūyhemi mā ca [5] kiñci ito adaṃ
musāvādena chādemi natthi etaṃ mama gehe [6]
sace santaṃ [7] nigūyhāmi [8] gūtho me hotu bhojanaṃ.
4. Tassa kammassa vipākena musāvādassa c' ūbhayaṃ
sugandhasālino bhattaṃ gūthaṃ me parivattati.
5. Avajjāni [9] ca kammāni na hi kammaṃ vinassati
duggandhaṃ kimīnaṃ mīḷhaṃ bhuñjāmi ca pivāmi cā 'ti.

Bhusapetavatthu.

III. 5.

1. Accherarūpaṃ sugatassa ñānaṃ
satthā yathā puggalaṃ vyākāsi
ussannapuññā pi bhavanti h'eke [10]
parittapuññā [11] pi bhavanti h'eke [10]
ayaṃ kumāro sīvathikāya chaḍḍito
aṅguṭṭhasnehena yāpesi ratti.

---

[1] B. tahiṃ ve°. [2] B. eko 'paro. [3] B. ayañ ca.
[4] B. akantaṃ. [5] B.—C[1]. D[1]. om. [6] B. iti.
[7] C[1]. °tāni gū°. [8] B. gūhāmi. [9] B. avañcāni.
[10] B. loke. [11] B. °ññān' api.

2. Na yakkhabhūtā na sirimsapā [1] vā
vihethayeyyum [2] katapuññakumāram
sunakhā pi imassa palahisu [3] pāde
dhankā singālā parivattayanti.
3. Gabbhāsayam pakkhiganā haranti
kākā pana akkhimalam haranti
na imassa rakkham vidahimsu keci
na osatham [4] sāsapadhūpanam vā.
4. Nakkhattayogam pi na [5] uggahesum
na sabbadhaññāni pi ākirimsu
etādisam uttamakicchapattam [6]
rattābhatam sīvathikāya chadditam.
5. Nonītapindam [7] viya vedhamānam
sasamsayam jīvitasāvasesam
tam addasa devamanussapūjito
disvā va tam vyākari bhūripañño.
6. Ayam kumāro nagarass' imassa
aggakuliko bhavissati bhogato [8] ca
ki 'ssa vatam kim pana brahmacariyam
kissa sucinnassa ayam vipāko
etādisam vyasanam pāpunitvā
tam tādisam paccanubhossati 'ddhin [9] 'ti.
7. Buddhappamukhassa bhikkhusamghassa
pūjam akāsi janatā ulāram
tatrassa cittassa ahu aññathattam
vācam abhāsi pharusam asabbhi
8. So tam vitakkam pativinodayitvā
pītipasādam patiladdhā pacchā
tathāgatam Jetavane vasantam
yāguyā upatthāsi so sattarattam.

---

[1] B. sari°. [2] B. no podhayeyyum. [3] B. °himsu.
[4] B. osadham—C. usatam—C[1]. D. D[1]. lāsatham.
[5] B.—C.[1] D.[1] pana. [6] B. parama. [7] B. nava.°
[8] B. °vā. [9] B.—C[1]. D[1]. na.

9. Tassa vatan taṃ pana brahmacariyaṃ
tassa suciṇṇassa ayaṃ vipāko
etādisaṃ vyasanaṃ pāpuṇitvā
taṃ tādisaṃ paccanubhossati 'ddhiṃ.
10. Ṭhatvāna so vassasataṃ idh' eva
sabbehi kāmehi samaṅgibhūto
kāyassa bhedā abhisamparāyaṃ
sahavyataṃ gacchati Vāsavassā 'ti.

Kumārapetavatthu.

III. 6.

1. 2. 3.=II. 1. 1–3.
4. Anavajjesu[1] titthesu vicini aḍḍhamāsakaṃ
santesu deyyadhammesu dīpaṃ nākāsim attano.
5. Nadiṃ upemi tasitā rittakā parivattati
chāyaṃ upemi uṇhesu ātapo parivattati.
6. Aggivaṇṇo ca me vāto ḍahanto upavāyati
etañ ca bhante arahāmi aññañ ca pāpakaṃ tato.
7. gantvāna Hastinīpuraṃ vajjesi mayhaṃ mātaraṃ
dhītā ca te mayā diṭṭhā duggatā Yamalokikā
pāpakammaṃ karitvāna petalokaṃ ito gatā.
8. Atthi ca me ettha nikkhittaṃ anakkhātañ ca taṃ mayā
cattāri satasahassāni pallaṅkassa ca heṭṭhato.
9. Tato me dānaṃ dadātu tassā ca hotu jīvikā
dānaṃ datvā ca me mātā dakkhiṇaṃ anvādissatu me
tadāhaṃ sukhitā hessaṃ sabbakāmasamiddhinīti.
10. Sādhū 'ti so tassā paṭisuṇitvā[2] gantvāna Hastinīpuraṃ
tassā avoca mātaraṃ dhītā etc. = 7c. etc.
11. Sā maṃ tattha samādapesi gantvāna = 7a. etc.
12. = 8.; 13.* = 9.

---

[1] B. ° ṭesu. [2] B. ° sutvā.

---

* B. tato tuvaṃ dānaṃ dehi, tassā ca dakkhiṇāṃ ādisam.

14. Tadāhaṃ sukhitā hessaṃ sabbakāmasamiddhinī
tato hi sā dānam adāsi datvā ca tassā dakkhiṇam ādisi
petī ca sukhitā āsi sarīraṃ * cārudassanīti.

Seriṇīpetavatthu.

III. 7.

1. Naranārīpurakkhato yuvā rajanīye kāmaguṇehi
sobhasi divasaṃ anubhosi kāraṇaṃ kiṃ akāsi purimāya jātiyā 'ti.
2. Ahaṃ Rājagahe ramme ramaṇīye Giribbaje
migaluddo pure āsiṃ [1] lohitapāṇī dāruṇo.
3. Avirodhakaresu pāṇīsu puthusantesu paduṭṭhamānaso
vicari atidāruṇo sadā parahiṃsāya rato asaṃyato.
4. tassa me sahāyo [2] suhadayo saddho āsi upāsako
so ca [3] maṃ anukampanto nivāresi punappunaṃ.
5. mākāsi pāpakaṃ kammaṃ mā tāta duggatiṃ agā
sa ce icchasi pecca sukhaṃ virama pāṇavadhaṃ asaṃyamaṃ.
6. Tassāhaṃ vacanaṃ sutvā sukhakāmassa hitānukampino
nākāsiṃ sakalānusāsaniṃ cirapāpābhirato abuddhimā.
7. So maṃ puna bhūrisumedhaso anukampāya saṃyame nivesayi
sace divā hanasi pāṇino atha te rattiṃ bhavatu saṃyamo.
8. Sv āhaṃ divā hanitvāna pāṇino virato [4] rattiṃ ahosi saṃyato
rattāhaṃ parihāremi divā khajjāmi duggato.
9. Tassa kammassa kusalassa anubhomi rattiṃ amānusiṃ
divā [5] paṭihatā 'va [6] kukkurā upadhāvanti samantā khāditum.

---

[1] B. adds: luddho. [2] B., C. C[1]. D. D[1]. °ye. [3] B. pi.
[4] B., C[1]. C., D. D[1]. viratā.—B. rattā.
[5] B. divasaṃ. [6] B. om.

---

* B. tassā cāpi sujivikā 'ti.

10. Ye ca te sattānuyogino dhuvaṃ payuttā sugatassa sāsane
maññāmi te amatam eva kevalaṃ adhigacchanti
padaṃ asaṃkhatan 'ti.

Migaluddapetavatthu.

III. 8.

1. Kūṭāgāre ca pāsāde pallaṅke goṇasaṃṭhite [1]
pañcaṅgikena turiyena ramasi suppavādite.
2. Tato ratyā vivāsanena [2] suriyass 'uggamanaṃ pati
apaviṭṭhe [3] susānasmiṃ bahudukkhaṃ nigacchasi.
3. Kin nu kāyena vācāya manasā dukkaṭaṃ kataṃ
kissa kammavipākena idaṃ dukkhaṃ nigacchasīti.
4. Ahaṃ Rājagahe ramme ramaṇīye Giribbaje
migaluddo [4] pure āsiṃ luddo āsiṃ asaṃyato.
5. tassa me sahāyo suhadayo saddho āsi upāsako
tassa kulupako bhikkhu āsi Gotamasāvako.

6–10 * So pi maṃ = III. 7. 4. *c*, *d*–10.

Dutiyaluddapetavatthu.

III. 9.

1. Mālī kirīṭī ** kāyūrī gattā te candanussadā
pasannamukhavaṇṇo 'si suriyavaṇṇī [5] va sobhasi.
2. Amānusā pārisajjā ye te me parivārikā
dasa kaññāsahassāni yā temā paricārikā.
3. tā [6] kambukāyūradharā kañcanacelabhūsitā [7]
mahānubhāvo si tuvaṃ lomahaṃsanarūpavā.
4. Piṭṭhimaṃsāni attano sāmaṃ ukkantvā [8] khādasi
kin nu kāyena vācāya manasā dukkaṭaṃ kataṃ.
kissa kammavipākena piṭṭhimaṃsāni attano
sāmaṃ ukkantvā khādasi.

---

[1] B. °kattate. [2] B. vivasāne. [3] B. °ṭṭho.
[4] B. °ddako. [5] B. °ṇṇo. [6] D[1].—C. C[1]. D. kā.
[7] B.—C. C[1]. D. D[1]. katvānā°. [8] B. ukkacca.

---

* C[1]. D[1]. om. ** B.—C. C[1]. D. D[1]. mālāhārīti.

5. Attano' haṃ anatthāya jīvaloke acarisaṃ [1]
pesuññamusāvādena nikativañcanāya ca.
6. Tatthāhaṃ parisaṃ gantvā saccakāle upaṭṭhite
atthaṃ dhammaṃ tiraṃkatvā adhammam anuvattiyaṃ.[2]
7. Evaṃ so khādat' [3] attanaṃ yo hoti piṭṭhimaṃsako [4]
yathāhaṃ ajja khādāmi piṭṭhimaṃsāni attano.
8. Tay idaṃ tayā Nārada sāmaṃ diṭṭhaṃ anukampakā ye
kusalā vadeyyuṃ
mā kho si piṭṭhimaṃsako [4] tuvan [5] 'ti.
mā pesunaṃ mā ca musā bhaṇi

Kūṭavinicchayakapetavatthu.

III. 10.

1. Antalikkhasmiṃ tiṭṭhanto duggandho pūti vayasi [6]
mukhañ ca te kimiyo pūtigandhaṃ khādanti.*
2. Kiṃ kammam akāsi pubbe tato [7] satthaṃ gahetvāna
urena kantanti punappunaṃ
khārena [8] paripphositvā okantanti [9] punappunaṃ.
3. Kin nu kāyena = III. 8. 3.
4. Ahaṃ Rājagahe ramme ramaṇīye Giribbaje,
issaro dhanadhaññassa supahūtassa mārisa.
5. Tassāyaṃ me bhāriyā dhītā ca suṇisā ca me
tamālaṃ uppalañ cāpi paccagghañ ca vilepanaṃ.
6. Thūpaṃ harantiyo vāresiṃ taṃ pāpaṃ pakataṃ mayā
chaḷasītisahassāni mayaṃ paccattavedanā.
7. Thūpapūjaṃ vivaṇṇetvā pacāma niraye bhusaṃ
ye ca kho thūpapūjāya vattante arahato mahe.
8. Ādīnavaṃ pakāsenti vivecayetha no tato
imā ca passa āyantiyo māladhārī alaṃkatā.

---

[1] B. °ssaṃ.—C[1]. D[1]. amā°. [2] B. °ssam.
[3] B. khādi attānaṃ. [4] B. °siko. [5] B. om.
[6] B. °ti. [7] B. tath' osattaṃ.
[8] B. cārena. [9] B. okka°.

---

* B. adds : kiṃ kammaṃ akāsi pubbe.

9. Mālāvipākaṃ anubhontiyo samiddhā tā [1] yasassiniyo
taññ ca disvāna accheraṃ abbhutaṃ lomahaṃsanaṃ.
10. Namokaronti sappaññā vandanti taṃ mahāmuniṃ
so 'haṃ dāni ito gantvā yoniṃ laddhāna mānusiṃ
thūpapūjaṃ karissāmi appamatto punappunan 'ti.

Dhātuvivaṇṇapetavatthu.

Cūḷavaggo tatiyo.

IV. 1.

1. Vesāli nāma nagar 'atthi Vajjīnaṃ
tattha ahu Licchavi Ambasakkharo
disvāna petaṃ nagarassa bāhiraṃ
tatth' eva pucchittha taṃ kāraṇatthiko.
2. Seyyo nisajjā nay imassa atthi
abhikkamo natthi paṭikkamo vā
asitapītaṃ khāyitavatthabhogā
paricārikā sā pi tam assa natthi.
3. Ye ñātakā diṭṭhasutā suhajjā
anukampakā yassa ahesuṃ pubbe
daṭṭhuṃ pi dāni na te labhanti
virājitatto [2] hi janena tena.
4. *Na duggatassa [3] bhavanti mittā
jahanti mittā vikalaṃ viditvā
atthañ ca disvā parivārayanti [4]
bahū ca [5] mittā uggatassa [6] honti.
5. Nihīnattho sabbabhogehi [7]
samakkhito [8] samparibhinnagatto
ussāvavindu va [9] palimpamāno
ajja suve jīvitassa 'parodho. [10]

---

[1] B. ca. [2] B. virāṭṭhi°. [3] B. okkantattassa.
[4] B. paricā°. [5] B. omits. [6] B. uggatatthassa te.
[7] D. °gohi.—B. °ge kicco. [8] B. samma°.
[9] C. adds: ca. [10] B. °ss' upa°.

---

* C¹. D¹. omits.

6. Etādisaṃ uttamakicchapattaṃ
uttāsitaṃ picumandassa [1] sūle
atha tvaṃ kena vaṇṇena vadesi
yakkha jīva bho [2] jīvitam eva seyyo 'ti.
7. Sālohito eso ahosi mayhaṃ
ahaṃ sarāmi purimāya jātiyā
disvā [3] me kāruññaṃ ahosi
rāja mā pāpadhammo nirayaṃ patāyaṃ.
8. Ito cuto Licchavi eso poso
sattussadaṃ nirayaṃ ghorarūpaṃ
uppajjati dukkaṭakammakārī
mahābhitāpaṃ kaṭukaṃ bhayānakaṃ.
9. Anekabhāgena guṇena seyyo
ayam eva sūlo nirayena tena
mā ekantadukkhaṃ kaṭukaṃ bhayānakaṃ
ekantatippaṃ nirayaṃ patāyaṃ.
10. Idañ ca sutvā vacanaṃ mam' eso
dukkhūpanīto vijaheyya pāṇaṃ
tasmā ahaṃ santike na bhaṇāmi
mā me okato jīvitass' upardho 'ti.
11. Aññāto eso purisassa attho
aññā [4] pi icchāmase pucchituṃ tuvaṃ
okāsakaṃ mama no [5] sace karosi
pucchāmi 'haṃ [6] na ca no kujjhitabbaṃ.
12. Addhā paṭiññā me tadā ahu
acikkhanā appasannassa hoti
akāmāsaddheyyavaco ti [7] katvā
pucchassu [8] maṃ kāmaṃ yathā visayhaṃ 'ti.
13. Yaṃ kiñcāhaṃ cakkhunā passissāmi
sabbaṃ pi tāhaṃ abhisaddaheyyaṃ
disvā pi taṃ no pi ce saddaheyya
kareyyāsi me yakkha tiyassa kamman 'ti.

---

[1] B. pucimanthassa. [2] B. jīvato. [3] B. adds: ca.
[4] B. °ñaṃ. [5] D. to. [6] B. °chām ahaṃ.
[7] B.—C[1]. D[1]. °vahe 'ti. [8] B.—C[1]. D[1]. °ssa.

14. Saccappatiññā [1] tava me sā hotu
sutvāna dhammaṃ labhassu [2] pasādam
aññatthiko [3] no ca paduṭṭhacitto
yan te sutaṃ asutaṃ vā pi dhammaṃ.
15. Sabbaṃ akkhissaṃ yathā pajānaṃ
setena assena alaṃkatena
upayāsi sūlāvutakassa [4] santike
yānaṃ idaṃ abbhutaṃ dassaneyyaṃ
kiss' etaṃ kammassa ayaṃ vipāko.
16. Vesāliyā tassa [5] nagarassa majjhe
cikkhallapabbe [6] narakaṃ [7] ahosi
gosīsam ekāhaṃ pasannacitto
setuṃ gahetvāna narakasmiṃ [8] nikkhipi.
17. Etasmiṃ pādāni patiṭṭhapetvā
mayañ ca añño [9] ca atikkameyya [10]
yānaṃ idaṃ abbhutaṃ dassaneyyaṃ
tass' eva kammassa ayaṃ vipāko.
18. Vaṇṇo ca te sabbadisā pabhāsati
gandho ca te sabbadisā pavāyati
yakkhiddhipatto si mahānubhāvo
naggo c' asi [11] kissa ayaṃ vipāko.
19. Akkodhano niccapasannacitto
saṇhāhi vācāhi janaṃ upesi
tass' eva kammassa ayaṃ vipāko
dibbo me vaṇṇo satataṃ pabhāsati.
20. Yasañ ca kittiñ ca dhamme ṭhitānaṃ
disvāna mantemi pasannacitto
tass' eva kammassa ayaṃ vipāko
dibbo me gandho satataṃ pavāyati.

---

[1] B. saccampa°. [2] B.—C[1]. D[1]. °ssa. [3] B., C[1]. D[1]. °ttiko.
[4] B. °vutassa. [5] B. omits. [6] B. °magge.
[7] B.—C[1]. D[1]. nagaraṃ. [8] B. nagarasmiṃ. [9] B. aññe.
[10] C[1]. D. °kkhamayha.—C. °kkamamha.—B. °kkamimha.
[11] B. cāsi.

21. Sahāyānaṃ titthasmiṃ nahāyatānaṃ [1]
thale [2] gahetvā nidahissa dussaṃ
kiñcatthiko [3] no ca paduṭṭhacitto
ten' amhi naggo kasirāpavutti.[4]
22. Yo kīḷamāno ca karoti pāpaṃ
tass' īdisaṃ kammavipākam āhu
akīḷamāno pana yo karoti
kiṃ tassa kammassa vipākam āhu.
23. Ye duṭṭhasaṃkappamanā manussā
kāyena vācāya ca saṃkiliṭṭhā
kāyassa bhedā abhisamparāyaṃ
asaṃsayan te nirayaṃ upenti.
24. Apare pana sugatim āsamāna [5]
dāne ratā saṃgahītattabhāvā
kāyassa bhedā abhisamparāyaṃ
asaṃsayan te sugatiṃ upentīti.
25. Taṃ kin ti jāneyyaṃ ahaṃ avecca
kalyāṇapāpassa ayaṃ vipāko
kiṃ vāhaṃ disvā abhisaddaheyyaṃ
ko vā pi maṃ saddahāpeyya etan 'ti.
26. Disvā ca sutvā abhisaddahassu
kalyāṇapāpassa ayaṃ vipāko
kalyāṇapāpe ubhaye asante
siyā nu sattā sugatā duggatā vā.
27. No c' ettha kammāni kareyya maccā
kalyāṇapāpāni manussaloke
nāhesuṃ sattā sugatā duggatā vā
hīnā paṇītā ca manussaloke.
28. Yasmā ca kammāni karonti maccā
kalyāṇapāpāni manussaloke
tasmā sattā sugatā duggatā vā
hīnā paṇītā ca manussaloke.

---

[1] B. nhāyantānaṃ. [2] B. C.—C[1]. D. D[1]. tale.
[3] B. dhiṭṭa°. [4] B. ca tutti.
[5] B. āsisamānā.

29. Dvay' ajja[1] kammānaṃ vipākam āhu
sukhassa dukkhassa ca vedanīyaṃ
tā'va devatā parivārayanti
paccanti[2] bālā dvayataṃ apassino 'ti.
30. Na m' atthi kammāni sayaṃ katāni
datvā pi me[3] natthi so ādiseyya
acchādanaṃ sayanam atha 'nnapānaṃ
ten' amhi naggo kasirapavuttīti.
31. Siyā nu kho[4] kāraṇaṃ kiñci yakkha
acchādanaṃ yena tuvaṃ[5] labhetha
ācikkha me tvaṃ (yatva) yad' atthi hetu
saddhāyitaṃ[6] hetuvaco suṇo[7] 'ti.
32. *Kappitako nāma idh' atthi bhikkhu
jhāyī susīlo arahā vimutto
guttindriyo saṃvutapātimokkho
sītibhūto uttamadiṭṭhipatto.
33. *Sakhilo vadaññu suvaco sumukho
svāgamo suppaṭimuttako cāpi
puññassa khettaṃ araṇavihārī
devamanussānañ ca dakkhiṇeyyo.
34. Santo vidhūmo anīgho nirāso
mutto visallo amamo avaṅko
nirupadhi sabbapapañcakhīṇo
tisso vijjā anuppatto jutimā.
35. Appaññato disvā pi na[8] sujāno
muni naṃ[9] Vajjīsū voharanti
jānanti taṃ yakkhabhūtaṃ anejaṃ
kalyāṇadhammaṃ vicaranti[10] loke.

---

[1] B. dvayañ ca. [2] D. paccenti.—Dᴵ. C. Cᴵ., B.
[3] B.—Cᴵ. Dᴵ. om. [4] B. adds: te. [5] D. tvaṃ.
[6] B. °daṃ. [7] B. suṇoma.—Dᴵ. °ṇohi.
[8] B. na ca. [9] B. munīti naṃ Vijjīsu. [10] B. °ntaṃ.

---

* Cᴵ. Dᴵ. omits.

36. Tassa tuvaṃ ekaṃ yugaṃ duve vā
mam uddisitvāna sace dadetha
paṭiggahītāni ca tāni passa[1]
mamañ ca passetha saṃnaddhadussan 'ti.
37. Kasmiṃ padese samaṇaṃ vasantaṃ
gantvāna passemu mayaṃ idāni
sa m'[2] ajja kaṅkhaṃ vicikicchitañ ca
diṭṭhivisūkāni ko vinodaye[3] ce 'ti.
38. Eso nisinno Kapinaccanāyaṃ[4]
parivārito devatāhi bahūhi
dhammakathaṃ[5] bhāsati saccanāmo
sakasmiṃ accherake[6] appamatto 'ti.[7]
39. Tathāhaṃ[7] kassāmi gantvā idāni
acchādayissaṃ samaṇaṃ yugena
paṭiggahītāni ca tāni passa[8]
tuvañ ca passemu saṃnaddhadussan 'ti.
40. Mā akkhaṇe pabbajitaṃ upāgami
sādhu vo Licchavi n' esa dhammo
tato ca kāle upasaṃkamitvā
tatth' eva passāmi[9] rahonisinnan 'ti.
41. Tathā hi vatvā agamāsi tattha
parivārito dāsagaṇena Licchavi
so taṃ nagaraṃ upasaṃkamitvā
vās' upagañchittha sake nivesane.
42. Tato ca kāle gihikiccāni[10] katvā
nahātvā pivitvā ca[11] khaṇaṃ labhitvā
viceyya peḷato ca yugāni aṭṭha
gāhāpayi dāsagaṇena Licchavi.

---

[1] B. assu. [2] B. so p' ajja.
[3] B. °deyeyya me. [4] B. kasiṇajhānāyaṃ.
[5] B. dhammikathaṃ. [6] D[1]. °ko.—B. averake.
[7] B. yassāhaṃ.—C[1]. tassāhaṃ.
[8] .B cassaṃ. [9] B. passāhi.
[10] B., C. D. C[1]. D[1]. tihi°. [11] C[1]. omits.

43. So taṃ padesaṃ upasaṃkamitvā
taṃ addasa samaṇaṃ santacittaṃ
paṭikkantaṃ gocarato[1] nivattaṃ
sītibhūtaṃ rukkhamūle nisinnaṃ.

44. Tam enaṃ avoca upasaṃkamitvā
Appābādhaṃ phāsuvihārañ ca pucchi
Vesāliyaṃ Licchavi ahaṃ bhaddan[2] te
jānanti maṃ Licchavi-Ambasakkharo.[3]

45. Imāni me aṭṭha yugāni subhāni
paṭigaṇha bhante padāmi[4] tuyhaṃ
ten' eva atthena idhāgato 'smi
yathā ahaṃ attamano bhaveyyaṃ.

46. Dūrato 'va samaṇabrāhmaṇā[5]
nivesanan te parivajjayanti
pattāni bhijjanti tava nivesane
saṃghāṭiyo pāpi[6] vidālayanti.[7]

47. Athā pure[8] pādakudārikāhi[9]
avaṃsirā samaṇā pāṭiyanti
etādisaṃ pabbajitaṃ[10] vihesaṃ
tayā kataṃ[11] samaṇā pāpuṇanti.[12]

48. Tiṇena tesaṃ[13] pi na tvaṃ adāsi
mūḷhassa maggaṃ pi na pāvadāsi
andhassa daṇḍaṃ sayam ādīyāsi
etādiso kadariyo asaṃvuto.

49. Atha tvaṃ kena vaṇṇena kim eva disvā
amhehi saha saṃvibhāgaṃ karosi
paccemi[14] bhante yaṃ tvaṃ vadesi
vimosayi[15] samaṇabrāhmaṇe 'tha.[16]

---

1 B., D. C., C¹.D¹. to°. 2 D. bhadan.
3 C. amu°.—D. amusakkaro. 4 B. dadāmi. 5 B. adds: ca.
6 B. cāpi. 7 B. viphālīyanti.—C¹.D¹. vināsa°.
8 B. athāpare. 9 B. °dhārikāhi. 10 B. °ta.
11 C. C¹. D. D¹. tapā°.—B. tathā°. 12 B. C.—C¹. D. °ṇāti.
13 B. telaṃ. 14 B.—C¹. D¹. saccemi.
15 B. vihe°. 16 B. ca.

50. Khiḍḍatthiko[1] no ca paduṭṭhacitto
etaṃ pi me dukkaṭam eva bhante
khiḍḍāya kho pasavitu[2] pāpaṃ
vedeti[3] dukkham asamatthabhogī.[4]

51. Daharo yuvā nagganīyassa[5] bhāgī
kiṃ[6] su tato dukkhatar 'assa[7] hoti.

52. Taṃ disvā saṃvegamalamatthaṃ[8] bhante
tappaccayā cāhaṃ[9] dadāmi dānaṃ
paṭigaṇha bhante vatthayugāni aṭṭha
yakkhass' im' āgacchantu dakkhiṇāyo.

53. Adāhi[10] dānaṃ bahudhā pasaṭṭhaṃ[11]
dadato ca te akkhayadhammam atthu
paṭigganhāmi te vatthayugāni aṭṭha
yakkhass' im' āgacchantu dakkhiṇāyo.

54. Tato hi so ācamayitvā Licchavi
therassa datvāna yugāni aṭṭha
paṭiggahītāni pattāni[12] vāsu[13]
yakkhañ ca passetha saṃnaddhadussaṃ.

55. Tam addasa candanasāralittaṃ
ājaññam āruyha[14] uḷāravaṇṇaṃ
alaṃkataṃ sādhunivatthadussaṃ[15]
parivāritaṃ yakkhamahiddhipattaṃ.

56. So taṃ disvā attamano udaggo
pahaṭṭhacitto 'va subhaggarūpo
kammañ ca disvāna mahāvipākaṃ
saṃdiṭṭhikaṃ cakkhunā sacchikatvā.

57. Tam enam avoca upasaṃkamitvā
dassāmi dānaṃ samaṇabrāhmaṇānaṃ
na cāpi me kiñci adeyyam atthi
tuvañ ca me yakkha bahūpakāro.

---

1 B. khi°.—C¹. D¹. kicca°. 2 B. °tvā. 3 B. tuvam.
4 B. appamattabhogī. 5 C. °ggā. 6 C¹. D¹. ki.
7 B. C¹. D¹. °khatu°. 8 B. malla°.—C. malatthaṃ.
9 B. vāpi. 10 B. addhā.
11 B. bahudhā passa°.—C¹. D¹. bahupā pa°. 12 B. ca tāni.
13 B. vāssuṃ. 14 B. ārūḷhā.—C¹. °yhaṃ.
15 B.—C. D. C¹. D¹. °vatta°.

58. Tuvañ ca me Licchavi ekadesaṃ
adāsi dānāni [1] amogham [2] etaṃ
sv āhaṃ karissāmi tayā 'va sakkhiṃ
amānuso mānusakena saddhiṃ.
59. Gati ca bandhu ca [3] parāyanañ ca
mitto [4] vā māsi atha devatāsi
yathā mahaṃ [5] pañjaliko bhavitvā
icchāmi taṃ yakkha punāpi daṭṭhuṃ.
60. Sace tuvaṃ [6] assaddho bhavissasi
kadariyarūpo vippaṭipannacitto [7]
ten' eva maṃ Licchavi [8] dassanāya
disvā ca [9] taṃ nāpi [10] ca ālapissaṃ.
61. Sace tuvaṃ [11] bhavissasi dhammagāravo
dāne rato [12] saṃgahītattabhāvo [13]
opānabhūto samaṇabrāhmaṇānaṃ
evaṃ mamaṃ Licchavi [14] dassanāya.
62. Disvā ca taṃ ālapissaṃ bhaddante
imañ ca sūlato lahu [15] pamuñca
yato nidānaṃ akarimha sakkhiṃ
maññamu [16] sūlāvutakassa kāraṇā [17]
te aññamaññaṃ akarimha sakkhiṃ.
63. *Ayañ ca sūlāvuto lahuṃ pamutto
sakkacca dhammāni samācaranto
muñceyya so nirayā'va [18] tamhā
kammaṃ siyā aññatra savedanīyaṃ [19]

---

[1] B. °naṃ aheyam. [2] C¹. D. amosaṃ.
[3] B. D¹. omits.—C. va.
[4] B. mamāsi.—C. C¹. cā mālīsi.—D. mamālisi.
[5] B. yācāmi taṃ. [6] B. tvaṃ.
[7] B. vippaṭipannarupo.—C¹. D¹. vippasannacitto.
[8] B. lacchasi. [9] B.—C. D. pa. [10] B. no pi.
[11] D. tvaṃ.—B. pana tvaṃ. [12] B. nirato.
[13] B. D¹.—C. D. sannahita°.—C¹. sannihi°.
[14] B. lacchasi. [15] B. lahuṃ.
[16] B. maññāmi.—C. D. D. °ññāma. [17] C. °ṇato.
[18] B. °yamhā. [19] B. ve°.—D. sace ve°.

---

* C¹. D¹. omits 63–79.

64. Kappitakañ ca upasaṃkamitvā
tena saha saṃvibhajitvā kāle
sayaṃ mukhena upanisajja puccha
so te[1] akkhissati etam atthaṃ.
65. Tam eva bhikkhuṃ upasaṃkamitvā pucchassu
puññatthiko[2] n'eva paduṭṭhacitto
so tesu taṃ asutañ vāpi[3] dhammaṃ
sabbaṃ pi akkhissati yathāpajānaṃ
suto ca dhāmmaṃ sugatiṃ akkhissa.
66. So tattha rahassaṃ[4] samullapitvā
sakkhiṃ akaritvāna[5] amānusena pakkāmi
so Licchavīnaṃ sakāsaṃ
atha bravī parisaṃ saṃnisinnaṃ.
67. Suṇantu bhonto mama ekavākyaṃ
varaṃ varissaṃ labhissāmi atthaṃ
sūlāvuto puriso luddakammo.
paṇītadaṇḍo anusattarūpo.[6]
68. Ettāvatā vīsatirattimattā
yato āvuto n' eva jīvati na mato
tāhaṃ mocayissāmi dāni
yathā matiṃ anujānātu saṃgho.
69. Etañ ca aññañ ca lahuṃ pamuñca
ko taṃ[7] vadetha[8] tathā[9] karontaṃ
yathā pajānāsi tathā karohi
yathā matiṃ anujānāti saṃgho.
70. So taṃ padesaṃ upasaṃkamitvā
sūlāvutaṃ mocayi khippam eva
mā bhāyi sammā[10] taṃ avoca
tikicchakānañ ca upaṭṭhapesi.

---

[1] B. tena. [2] B.—C. muṃña°.—D. muñcatthiko.
[3] B. cāpi. [4] B. ara°. [5] B. °khikari°.
[6] B. anumatta°. [7] B.—C. D. ta.
[8] B. °dethā 'ti.—C[1]. D[1]. °mo. [9] D. kathā.
[10] B. adds: 'ti ca.

71. Kappitakañ ca upasaṃkamitvā
tena saha [1] saṃvibhajitvāna,[2] kāle
sayaṃ mukhena n'eva upanisajjā Licchavi
kath [3] 'eva pucchi [4] taṃ kālaṃ kāraṇatthiko.

72 = 67. *c*, *d*. 68. *a*, *b*.

73. So mocito ca gantvā mayā idāni
etassa yakkhassa vaco hi [5] bhante
siyā nu kho kāraṇaṃ kiñcid eva
yena so nirayaṃ no vajeyya.

74. Ācikkha bhante yadi atthi hetu
saddhāyitaṃ hetu vo [6] suṇoma
na tesaṃ kammānaṃ vināsam atthi
avedayitvā idha vyantibhāvo.

75. Sa ce so kammāni [7] samācareyya
sakkacca rattiṃ divaṃ appamatto
muñceyya so nirayā va [8] tamhā
kammaṃ siyā aññatra vedanīyaṃ.

76. Aññāto eso purisassa attho
mamaṃ pīdāni anukampa [9] bhante.
anusāsa maṃ ovada bhūripañña
yathā ahaṃ n'eva [10] nirayaṃ vajeyyaṃ.

77. Ajj' eva buddhaṃ saraṇaṃ upehi [11]
dhammañ ca saṃghañ ca pasannacitto.
tath' eva sikkhāpadāni pañca
akhaṇḍaphullāni somādīyassu.[12]

78. Pāṇātipātā viramassu khippaṃ
loke adinnaṃ parivajjayassu [13]
amajjapo mā ca musā abhāsi [14]
sakena dāreṇa ca hohi [15] tuṭṭho.

---

[1] B. sahasaṃ. [2] D. °tvā. [3] B. tatth'.
[4] B. °ttha naṃ.—C. ta kālam.—D. °tta kālaṃ.
[5] B. 'ti. [6] B. hetu vaco.—C. ce. [7] B. dha°. [8] B. ca.
[9] B. °mma. [10] B. no. [11] D. °mi.
[12] C. D. °dīyāmi. [13] C. D. °yāmi.
[14] B. °ṇi.—C. °nāmi. [15] C. homi.

79. Imañ ca aṭṭhaṅgavaraṃ upetaṃ
samādīyāhi [1] kusalaṃ sukhindriyaṃ.
80. Cīvaraṃ piṇḍapātañ ca paccayaṃ sayanāsanaṃ
annapānaṃ khādanīyaṃ vatthaṃ senāsanāni ca.
81. Dadāhi ujubhūtesu vippasannena cetasā
bhikkhū ca sīlasampanne vītarāge bahussute
tappesi [2] annapānena sadā puññaṃ pavaḍḍhati.
82. Evañ ca kammāni samācaranto
sakkacca rattin divaṃ appamatto
muñca [3] tvaṃ nirayā [4] va tamhā
kammaṃ siyā aññatra vedanīyaṃ.
83. Ajj' eva buddhaṃ saraṇaṃ upemi
dhammañ ca saṃghañ ca pasannacitto
tath' eva sikkhāpadāni pañca
akhaṇḍaphullāni samādīyāmi.
84. Pāṇātipātā viramāmi khippaṃ
loke adinnaṃ parivajjayāmi
amajjapo no ca musā bhaṇāmi
sakena dārena ca homi tuṭṭho.
85. Imañ ca [5] aṭṭhaṅgavaraṃ upetaṃ [6]
samādīyāmi kusalaṃ sukhindriyaṃ.
cīvaraṃ piṇḍapātañ ca paccayaṃ sayanāsanaṃ
annapānaṃ khādanīyaṃ vatthaṃ senāsanāni ca.
86. Bhikkhū ca sīlasampanne vītarāge bahussute
dadāmi na vikkappāmi buddhānaṃ sāsane rato.
87. Etādiso Licchavi Ambasakkharo
Vesāliyaṃ aññataro upāsako
saddho mudu kārakaro bhikkhu
saṃghañ ca sakkacca tadā upaṭṭhahi.
88. Sūlāvuto ca ārogo hutvā serisukhaṃ [7] pabbajjaṃ upāgami
āgamma Kappitakuttamaṃ ubho pi sāmaññaphalāni ajjhaguṃ.

---

[1] C. D. °yāmi. [2] B. °hi.
[3] B. muñceyya. [4] B. °yamhā.
[5] B. ariyaṃ. [6] B. °rūpetaṃ. [7] B. °khi.

89. Etādisā sappurisānaṃ sevanā
mahāphalā hoti sataṃ vijānataṃ
sūlāvuto aggaphalaṃ phussasi [1]
phalaṃ kaniṭṭhaṃ pana Ambasakkharo 'ti.

Ambasakkharapetavatthu.

IV. 2.

Serissakapetavatthu.*

IV. 3.

1. Rājā Piṅgalako nāma Suraṭṭhānaṃ adhipati
ahu Moriyānaṃ upaṭṭhānaṃ gantvā Suraṭṭhaṃ punar āgamā.
2. Uṇhe majjhantike kāle rājā paṅkam [2] upāgami
addasa maggaṃ ramaṇīyaṃ petānaṃ vaṇṇanāpathaṃ.[3]
3. Sārathiṃ āmantayi [4] rājā ayaṃ maggo ramaṇīyo
khemo sovatthiko [5] sivo iminā 'va [6] sārathi yāhi.[7]
4. Suraṭṭhānaṃ [8] santike ito tena pāyāsi [9] Soraṭṭho
senāya caturaṅginiyā.
5. Ubbiggarūpo [10] puriso Suraṭṭhaṃ etad abruvi [11]
kumaggaṃ paṭipannamhā bhiṃsanaṃ lomahaṃsanaṃ.
6. Purato padissati maggo pacchato ca na [12] dissati
kumaggaṃ paṭipannamhā Yamapurisānaṃ santike.

---

[1] D. °ti. [2] B. vaṅkam.—D. C. caṅkaṃ. [3] B. taṃ. vaṇṇapathaṃ. [4] B. °tasi. [5] B. sotthiko. [6] B. omits. [7] B. āyāma. [8] C. suṭṭho na.—D. puṭṭho na. [9] B. vā yāsi. [10] B. ubbiṅgarūpo. [11] C. eta bruvi. [12] C. pana.

---

* B. C[1]. D[1]. omits.—C. D. taṃ yasmā Serissakavimānavatthunā nibbisesaṃ tasmā tattha atthuppattiyā gāthāsu ca yaṃ vattabbaṃ taṃ paramatthavibhāvaniyaṃ vimānavatthuvaṇṇanāyaṃ vuttam eva. tasmā vuttanayen' eva veditabban 'ti.—See Vimāna-vatthu, 84.

7. Amānuso vāyati gandho ghoso sūyati dāruṇo
saṃviggo rājā Suraṭṭho sārathiṃ etad abruvi.
8. Kumaggaṃ paṭipannamhā bhiṃsanaṃ lomahaṃsanaṃ
purato va dissati maggo pacchato ca na dissati.
9. Kumaggaṃ paṭipannamhā Yamapurisānaṃ santike
amānuso vāyati gandho ghoso sūyati dāruṇo.
10. Hatthikkhandhañ [1] ca āruyha olokento catuddisā
addasa nigrodhaṃ ramaṇīyaṃ pādapaṃ chāyāsampannaṃ.
11. Nīlabbhavaṇṇasadisaṃ [2] meghavaṇṇasirannibhaṃ
sārathiṃ āmantayi rājā kiṃ eso [3] dissati brahā
nīlabbhavaṇṇasadiso meghavaṇṇasirannibho.
12. So nigrodho so mahārāja pādapo chāyāsampanno
nīlabbhavaṇṇasadiso meghavaṇṇasirannibho.
13. Tena pāyāsi Suraṭṭho [4] yena so dissati brahā
nīlabbhavaṇṇasadiso meghavaṇṇasirannibho.
14. Hatthikkhandhato oruyha rājā rukkhaṃ upāgami
nisīdi rukkhamūlasmiṃ sāmacco saparijano.
15. Pūraṃ pānīyakarakaṃ [5] pūve citte ca addasa
puriso devavaṇṇīti [6] sabbābharaṇabhūsito
upasaṃkamitvā rājānaṃ Suraṭṭhaṃ [7] etad abruvi.
16. Svāgatan te mahārāja atho te adurāgataṃ
pivatu devo [8] pānīyaṃ pūve khāda ariṃdama.
17. Pivitvā rājā pānīyaṃ sāmacco saparijano
pūve khāditvā pivitvā ca Suraṭṭho etad abruvi.
18. Devatā nu 'si gandhabbo ādu Sakko puriṃdado
ajānanto taṃ pucchāma kathaṃ jānemu taṃ mayaṃ.
19. Namhi devo na gandhabbo nāpi [9] Sakko puriṃdado
peto ahaṃ mahārāja Suraṭṭha idham āgato.

---

[1] B. °khandhanto samāruyha.
[2] B. 11a, addasa rukkhaṃ nighodhaṃ.—C. adds: meghavannasadisaṃ. [3] B. eko.
[4] B. soraṭṭho. [5] C. pāniyaṃ karakaṃ. B. °karaṇaṃ.
[6] B. °vaṇṇo 'ti. [7] B. so°.
[8] B. deva. [9] C. na ci.

20. Kiṃ sīlo kiṃ samācāro Suraṭṭhasmiṃ pure tuvaṃ
kena te brahmacariyena ānubhāvo ayaṃ tava.
21. Taṃ suṇohi mahārāja arimdama raṭṭhavaḍḍhanaṃ
amaccā pārisajja ca brāhmaṇo ca purohito.
22. Suraṭṭhasmā [1] ahaṃ deva [2] puriso pāpacetaso
micchādiṭṭhi ca dussīlo kadariyo paribhāsako.
23. Dadantānaṃ karontānaṃ vārayissaṃ bahujanaṃ
aññesaṃ dadamānānaṃ antarāyaṃkaro [3] ahaṃ.
24. Vipāko natthi dānassa saṃyamassa kuto phalaṃ
natthi ācariyo nāma adantaṃ ko damessati.[4]
25. Samatulyāni bhūtāni kule jeṭṭhāpacāyiko [5]
natthi balaṃ viriyaṃ vā kuto uṭṭhānaporisaṃ.
26. Natthi dānaphalaṃ nāma na visodheti verinaṃ
laddheyyaṃ labhate macco nīyati pariṇāmajaṃ.
27. Natthi mātā pitā bhātā loko natthi ito paraṃ
natthi dinnaṃ natthi hutaṃ sunihitaṃ pi na vijjati.
28. Yo pi na haneyya [6] purisaṃ parassa [7] chindite siraṃ
na koci kiñci hanati sattannaṃ vivaram antare.
29. Acchejjabhejjo [8] jīvo aṭṭhaṃso gūḷaparimaṇḍalo
yojanāni satā [9] pañca ko jīvaṃ [10] chetum arahati.
30. Yathā suttagūḷe khitte nibbeṭhentaṃ [11] palāyati
evam eva pi so jīvo nibbeṭhento palāyati.
31. Yathā gāmato nikkhamma aññaṃ gāmaṃ pavisati
evam evaṃ pi [12] so jīvo aññaṃ kāyaṃ pavisati.
32. Yathā gehato nikkhamma aññaṃ gehaṃ pavisati
evam evaṃ pi so jīvo aññaṃ bondiṃ [13] pavisati.[14]
33. Cūḷāsīti mahākappino [15] satasahassāni
ye ca bālā ye [16] ca paṇḍitā saṃsāraṃ khepayitvāna
dukkhassantaṃ karissare mitāni sukhadukkhāni
doṇehi piṭakehi ca jino sabbaṃ pajānāti
samūḷhā itarā pajā evaṃdiṭṭhi pure āsiṃ.

---

[1] B. °smiṃ. [2] B. adds deva. [3] B °yaṃ karom' ahaṃ.
[4] B. damissati. [5] C. °yino.—D. °yike. [6] C. D. C[1]. hānoti.
[7] B. purisassa. [8] B. adds : si jīvo. [9] B. °janānaṃ.
[10] C[1]. D[1]. koṭinaṃ. [11] B. nibbedhentaṃ. [12] B. eva ca.
[13] B. phondhiṃ.—C. vondi. [14] B. nivīsati.
[15] C. kappāno.—B. matākappi navasata°. [16] B. omits.

34. Samūḷho mohapāruto [1] micchādiṭṭhi ca dussīlo
kadariyo paribhāsako oraṃ me chahi māsehi
kālakiriyā [2] bhavissati.
35. Ekantaṃ kaṭukaṃ ghoraṃ nirayaṃ papatiss' āhaṃ
catukkaṇṇaṃ catudvāraṃ vibhattaṃ bhāgaso mitaṃ.
36. Ayopākārapariyantaṃ ayasā paṭikujjitaṃ
tassa ayomayā bhūmi jalitā tejasā yutā.
37. Samantā yojanasataṃ pharitvā tiṭṭhati sabbadā
vassasatasahassāni ghoso sūyati tāvade
lakkho eso mahārāja satabhāgā [3] vassakoṭiyo
koṭisatasahassāni niraye paccare janā
micchādiṭṭhī dussīlā ye ca ariyūpavādino
tatthāhaṃ dīgham addhānaṃ dukkhaṃ vedissaṃ vedanaṃ.
38. Phalaṃ pāpassa kammassa tasmā socām' ahaṃ bhusaṃ
taṃ suṇohi mahārāja ariṃdama raṭṭhavaḍḍhanaṃ
dhītā mayhaṃ mahārāja Uttarā bhaddam atthu te.[4]
39. Karoti bhaddakaṃ [5] kammaṃ sīlesūposathe ratā
Saññatā [6] saṃvibhāgī ca vadaññā [7] vigatamaccharā.
40. Akhaṇḍakārī sikkhāyaṃ suṇhā parakulesu ca
upāsikā Sakyamunino sambuddhassa sirīmato.
41. Bhikkhu ca sīlasaṃpanno gāmaṃ piṇḍāya pāvisi
ukkhittacakkhu satimā guttadvāro susaṃvuto
sapadānaṃ caramāno agamā taṃ nivesanaṃ.
42. Tam addasa mahārāja Uttarā bhaddam atthu te [4]
pūraṃ pānīyassa karakaṃ pūve citte ca sā adā.
43. Pitā me kālakato bhante tassa taṃ [8] okappatu.
samanantarānudiṭṭho [9] vipāko upapajjatha.
44. Bhuñjāmi kāmakāmī rājā Vessavaṇo yathā
taṃ suṇohi mahārāja ariṃdama raṭṭhavaḍḍhanaṃ.
45. Sadevakassa lokassa buddho aggo pavuccati
taṃ buddhaṃ saraṇam gaccha saputtadāre [10] ariṃdama.

---

[1] B. sampuḷo mohapāruto. [2] B. kālaṅkariyā.
[3] B., C.D., C[1]. D[1]. °gaṃ. [4] B., C. D. C[1]. D[1]. baddham attha ke.
[5] B. bhaddaṃ. [6] B., C. C[1]. D. D. puññatā. [7] B. °ñū.
[8] B. tass' etaṃ upakappatu. [9] B. °re °ṭṭhe. [10] B. °ro.

46. Aṭṭhaṅgikena maggena phusanti amataṃ padaṃ
tam dhammaṃ saraṇaṃ gaccha saputtadāre[1] ariṃdama.
47. Cattāro maggapaṭipannā[2] cattāro ca phale ṭhitā
esa saṃgho ujubhūto paññāsīlasamāhito.
48. Taṃ saṃghaṃ saraṇaṃ gaccha saputtadāre[1] ariṃdama.
pāṇātipātā viramassu khippaṃ
loke adinnaṃ parivajjayassu
amajjapā[3] mā[4] ca musā abhaṇi
sakena dārena ca hohi tuṭṭho.
49. Atthakāmo 'si me yakkha hitakāmo si devate
karomi tuyhaṃ vacanaṃ tvam asi ācariyo mama.
50. Upemi saraṇaṃ buddhaṃ dhammañ cāpi anuttaraṃ
saṃghañ ca naradevassa gacchāmi saraṇaṃ ahaṃ.
51. Pāṇātipātā viramāmi khippaṃ
loke adinnaṃ parivajjayāmi
amajjapo no ca musā bhaṇāmi
sakena dārena homi tuṭṭho.
52. Odhunāmi[5] mahāvāte nadiyā vā sīghaṃgāmiyā[6]
vamāmi[7] pāpakaṃ diṭṭhiṃ buddhānaṃ sāsane rato.
53. Idaṃ vatvāna Suraṭṭho viramitvā pāpadassanaṃ
namo bhagavato katvā pāmokkho ratham āruyhīti.[8]

Nandikāpetavatthu.

IV. 4.

Revatīpetavatthu.*

IV. 5.

1. †Idaṃ mama ucchuvanaṃ mahantaṃ
nibbattati puññaphalaṃ anappakaṃ
taṃ dāni me[9] paribhogaṃ na[10] upeti
ācikkha bhante kissa ayaṃ vipāko.

---

[1] B. °ro. [2] B. ca paṭi°. [3] B. °po. [4] B. no.
[5] B. ophu°.—C[1]. D[1]. otu°. [6] C. °ga°. [7] C. vacāmi.
[8] B. °hati. [9] B. adds: na. [10] B. omits.

* B., C. D., C[1]. D[1]. omits. See Vimāna-vatthu. 52.
† 1–3. C[1]. D[1]. omits.

2. Vihaññāmi khajjāmi ca vāyamāmi ca
parisakkāmi paribhuñjituṃ kiñci
sv' āhaṃ[1] chinnātumo[2] kapaṇo sālapāmi[3]
kissa kammassa ayaṃ vipāko.
3. Vighāto cāhaṃ paripatāmi[4] chamāyaṃ
parivattāmi vāricaro 'va ghamme
rudato[5] ca me assukā niggalanti[6]
ācikkha bhante kissa ayaṃ vipāko.
4. Chāto kilanto ca pipāsito ca
saṃtāsito sātasukhaṃ na vinde
pucchāmi taṃ etam atthaṃ bhadante[7]
kathan nu ucchuparibhogaṃ labheyyaṃ.
5. Pure tuvaṃ kammam akasi[8] attanā
manussabhūto purimāya jātiyā
ahañ ca taṃ etam atthaṃ vadāmi
sutvāna tvaṃ etam atthaṃ vijānaṃ.
6. Ucchū tuvaṃ khādamāno payāto
puriso[9] te piṭṭhito[10] anugañchi
so ca taṃ paccāsanto kathesi
tassa tuvaṃ na kiñci ālapittha.
7. So ca taṃ abhiṇhaṃ[11] āyāci
dehi[12] ucchun 'ti ca taṃ avoca
tassa tuvaṃ piṭṭhito ucchuṃ adāsi
tass' etaṃ kammassa ayaṃ vipāko.
8. Iṅgha tuvaṃ[13] piṭṭhito gaṇha ucchuṃ
gahetvā khādassu yāvad atthaṃ
ten' eva tvaṃ attamano bhavissasi
haṭṭho udaggo ca pamodito ca.

---

[1] B. disvāhaṃ. [2] B. chinditukāmo. C. D. chinditube.
[3] C. D., B. lāla°. [4] D. °tāyaṃ.
[5] B. dūrato. [6] B °kāni ga°.
[7] B. bhaddante. [8] B. °sim atta°.
[9] B. adds: ca. [10] B. pacchato.
[11] B. abhaṇantaṃ. C. D. D[1]. āyapi. [12] B. deh' ayya.
[13] B. tvaṃ gantvāna piṭṭhito gaṇheyyāsi.

9. Gantvāna so piṭṭhito aggahesi
gahetvāna taṃ khādi yāvad atthaṃ
ten' eva so attamano ahosīti.[1]

Ucchupetavatthu.

IV. 6.

1. Sāvatthī nāma nagaraṃ Himavantassa passato
tattha su[2] dve kumārā ca rājaputtā 'ti me sutaṃ.
2. Pamattā rājanīyesu kāmassādābhinandino[3]
paccuppanne sukhe giddhā na te passiṃsu nāgataṃ.
3. Te cutā ca manussattā paralokaṃ ito gatā
te 'dha* ghosenti na dissanto pubbe dukkaṭam attano.
4. Bahūsu vata santesu deyyadhamme upaṭṭhite
nāsakkhimhā ca attānaṃ[4] parittasotthiṃ kātuṃ sukhā-
vahaṃ.
5. Kiṃ tato pāpakaṃ[5] assa santo rājakulā cutā
upapannā petavisayaṃ[6] khuppipāsā samappitā.
6. Sāmino idha hutvāna honti assāmino tahiṃ
caranti[7] khuppipāsāya manussā onnatonatā.[8]
7. Evam ādīnavaṃ ñatvā issaramānasambhavaṃ
pahāya issaramadaṃ bhave saggagato naro
kāyassa bhedā sappañño[9] saggaṃ so upapajjatīti.

Kumārapetavatthu.

IV. 7.

1. Pubbe katānaṃ kammānaṃ vipāko mathaye[10] manaṃ
rūpe sadde rase gandhe poṭṭhabbe ca manorame.
2. Naccaṃ gītaṃ ratiṃ khiḍḍaṃ anubhutvā anappakaṃ
uyyāne caritvāna[11] pavisanto Giribbajaṃ.

---

[1] B. adds: haṭṭho, etc. See 8 *d*. [2] B. tatthāsuṃ.
[3] B., C[1]. D[1]. °dane. [4] B. adds: sotthiṃ.
[5] B. °pakammassa. [6] B. pitti°. [7] B. ma°.
[8] B. unna°. [9] C[1]. °nno. D. °tto.
[10] B. thapaye. [11] B. paricāritvā.

---

* B. ca.

3. Isiṃ[1] Sunettam addakkhi attadantaṃ samāhitaṃ
appicchaṃ hirīsaṃpannaṃ uñche pattāgate[2] rataṃ.
4. Hatthikkhandhato oruyha laddhā bhante 'ti ca bruvi
tassa pattaṃ gahetvāna uccaṃ paggayha khattiyo.
5. Thandile[3] pattaṃ bhinditvā hasamāno apakkami
rañño Kitavassāham[4] putto kiṃ maṃ bhikkhu karissasi.
6. Tassa kammassa pharusassa vipāko kaṭuko ahu
yaṃ rājaputto vedesi nirayamhi samappito.
7. Chaḷ eva caturāsītivassāni nahutāni ca
bhusaṃ dukkhaṃ nigacchiṭṭho[5] niraye katakibbiso.
8. Uttāno pi ca paccittha nikujjo[6] vāmadakkhiṇo
uddhaṃ pādo ṭhito c'eva ciraṃ bālo apaccitha.[7]
9. Bahūni vassasahassāni pūgāni nahutāni ca
bhusaṃ dukkhaṃ nigacchiṭṭho niraye katakibbiso.
10. Etādisaṃ kho kaṭukaṃ appaduṭṭhapadosinaṃ
paccanti pāpakammantā isiṃ āsajja subbataṃ.
11. So tattha bahuvassāni vedayitvā bahudukkhaṃ
khuppipāsahato[8] nāma peto āsi tato cuto.
12. Evaṃ[9] ādīnavaṃ disvā[10] issaramadasaṃbhavaṃ
pahāya[11] issaramadaṃ nivātam anuvattaye.
13. Diṭṭhe va dhamme pāsaṃso yesu[12] buddhesu sagāravo
kāyassa bhedā sappañño saggaṃ so upapajjatīti.

Rājaputtapetavatthu.

IV. 8.

1. Gūthakūpato uggantvā ko nu dīno si tiṭṭhasi.[13]
nisaṃsayaṃ[14] pāpakammanto kin nu saddayase[15]
tuvan'ti.
2. Ahaṃ bhante peto 'mhi duggato Yamalokiko
pāpakammaṃ karitvāna petalokam ito gato 'ti.

---

[1] B. muniṃ. [2] B. ucche pattagate. [3] B. gaṇḍile.
[4] B. kiṭa°. [5] B. °ttha. [6] B.—C[1]. D[1]. °ñjo.
[7] B. °ttha. [8] B. °ahato. [9] B. etam. [10] B. ñatvā.
[11] B., C. C[1].—D. D[1] mapa°. [12] B. yo.
[13] B. patitthasi. [14] B.—C. C[1]. D. D[1]. saṃ°.
[15] B. saddāyāse.—C. C[1]. D. D[1]. °hase.

3. Kin nu kāyena vācāya manasā dukkaṭaṃ kataṃ
kissa kammavipākena idaṃ dukkhaṃ nigacchasīti.
4. Ahu āvāsiko mayhaṃ issukī kulamaccharī
ajjhāsito[1] mayhaṃ ghare kadariyo paribhāsako.
5. Tassāhaṃ vacanaṃ sutvā bhikkhavo paribhāsissaṃ
tassa kammavipākena petalokam ito gato 'ti.
6. Amitto mittavaṇṇena yo te āsi kulupako
kāyassa bhedā duppañño kin nu pecca gatiṃ gato 'ti.
7. Tass' evāhaṃ pāpakammassa sīse tiṭṭhāmi matthake
so ca paravisayaṃ patto mam eva parivārako.
8. Yaṃ bhaddante 'hanant' aññe[2] etaṃ me hoti bhojanaṃ
ahañ ca kho yaṃ 'hanāmi etaṃ so upajīvatīti.

Gūthakhādakapetavatthu.

IV. 9 *

Gūthakhādakapetavatthu.

IV. 10.

1. Naggā dubbaṇṇarūpā 'tha kisā dhamanisaṃṭhitā
upphāsulikā kisakā ke nu tumhe 'tha[3] mārisā 'ti.
2. Mayaṃ bhaddante pet' amhā duggatā Yamalokikā
pāpakammaṃ karitvāna petalokam ito gatā 'ti.
3. Kin nu kāyena=II. 1. 3.
4. Anavajjesu[4] titthesu vicinimha 'ḍḍhamāsakaṃ
santesu deyyadhammesu dīpaṃ nākamham attano.
5. Nadiṃ upema tasitā rittakā parivattati
chāyaṃ upema uṇhesu ātapo parivattati.

---

[1] B. ajjhesito. [2] B.—C[1]. D[1]. °ño.
[3] B. °ttha. [4] B. °ṭṭesu.

---

* C[1]. D[1]. omits—C. D. tassa vatthu anantaravatthusadisaṃ. tattha upāsakena vihāro kārito 'ti upāsakassa vasena āgataṃ idha pana upāsikāyā 'ti ayam eva viseso. sesaṃ vatthusmiṃ gāthāsu ca apubbaṃ natthi.

6. Aggivaṇṇo 'va no [1] vāto ḍahanto [2] upavāyati
etañ ca bhante arahāma aññañ ca pāpakaṃ tato.
7. Api yojanāni gacchāma chātā [3] āhāragiddhino
aladdhā yeva nivattāma aho no appapuññatā.
8. Chātā pamucchitā bhante bhūmiyaṃ paṭisumbhitā
uttānā patikirāma avakujjā patāmase.[4]
9. Te ca tatth' eva patitā bhūmiyaṃ paṭisumbhitā
uraṃ sīsañ ca ghaṭṭema aho no appapuññatā.
10. Etañ ca bhante arahāma aññañ ca pāpakaṃ tato
santesu deyyadhammesu dīpaṃ nākamham attano.
11. Te hi nuna ito gantvā yoniṃ laddhāna mānusiṃ
vadaññū sīlasampannā kāhāma kusalaṃ bahun 'ti.

Gaṇapetavatthu.

IV. 11.

1. *Diṭṭhā tayā nirayā tiracchānayonī
petā asurā atha vāpi manussā devā
sayam addasa kammavipākam attano
nessāmi taṃ Pāṭaliputtam akkhataṃ
tattha gantvā kusalaṃ karohi kamman 'ti.
2. Atthakamo si me yakkha hitakāmo si devate
karomi tuyhaṃ vacanaṃ tvam asi ācariyo me.
3. Ditthā mayā=1. *a. b. c.*
kāhāmi puññāni anappakānīti.

Pāṭaliputtapetavatthu.

IV. 12.

1. Ayañ ca te pokkharaṇī surammā
samā suppatitthā ca mahodakā ca
supupphitā bhamaragaṇānukiṇṇā
kathaṃ tayā laddhā ayaṃ manuññā.

---

[1] C. vane. [2] D. adds: ḍahanto.
[3] B. sātā. [4] B., C[1]. D[1]. °maye.

---

* C[1]. D[1]. omits.

2. Idañ ca te ambavanaṃ surammaṃ
sabbotukaṃ dhārayati phalāni
supupphitaṃ bhamaragaṇānukiṇṇaṃ
katham tayā laddham idam vimānan 'ti.
3. Ambapakkodakaṃ [1] yāguṃ sītacchāyā manoramā
dhītāya dinnadānena tena me idha labbhatīti.
4. *Saṃdiṭṭhakaṃ [2] eva passatha dānassa
damassa saṃyamassa vipākaṃ
dāsī ahaṃ ca ayyakulesu hutvā
suṇisā homi agārassa issarā 'ti.
5. Asātaṃ sātarūpena piyarūpena appiyaṃ
dukkhaṃ sukhassa rūpena pamattaṃ ativattatīti.

Ambapetavatthu.

IV. 13.

1. Yaṃ dadāti na taṃ hoti deth' eva dānam datvāna
ubhayaṃ [3] tarati [4] ubhayaṃ [4] tena dānena gacchati
jāgaratha mā pamajjathā 'ti.

Akkharukkhapetavatthu.

IV. 14.

1. Mayaṃ bhoge saṃharimha samena visamena ca
te aññe paribhuñjanti mayaṃ dukkhassa bhāginīti.

Bhogasaṃharapetavatthu.

IV. 15.

1. Saṭṭhi vassasahassāni paripuṇṇāni sabbaso
niraye paccamānānaṃ kadā anto bhavissati.
2. Natthi anto kuto anto na anto patidissati
tathā hi pakataṃ pāpaṃ mama [5] tuyhañ [6] ca mārisa.

---

[1] B. °paggu°. [2] B. adds kammaṃ. [3] B. dhārati dānaṃ.
[4] C[1]. D[1]. omits. [5] B. omits. [6] B. adds: mayhañca.

---

* C[1]. D[1]. omits.

3. Dujjīvitaṃ jīvamha ye sante na dadamhase
santesu deyyadhammesu dīpaṃ nākamha attano.
4. So hi nuna ito gantvā yoniṃ laddhāna mānusiṃ
vadaññū sīlasampanno kāhāmi kusalaṃ bahun 'ti.

Seṭṭhiputtapetavatthu.

IV. 16.

1. Kin nu ummatarūpo ca [1] migo bhanto va dhāvasi
nisaṃsayaṃ pāpakammaṃ kin nu saddayase [2] tuvan 'ti.
2. Ahaṃ bhante [3] peto 'mhi duggato Yamalokiko
pāpakammaṃ karitvāna petalokam ito gato.
3. Saṭṭhikūṭasahassāni paripuṇṇāni sabbaso
sīse mayhaṃ nipatanti te bhindanti ca matthakan 'ti
4. Kin nu kāyena=II. 1. 3.
5. Saṭṭhikūṭasahassāni-pe-sīse tuyham, etc.
See 3.
6. Atha 'ddusāsiṃ sambuddhaṃ Sunettaṃ bhāvitindriyaṃ
nisinnaṃ rukkhamūlasmiṃ jhāyantaṃ akutobhayaṃ.
7. Sālittakappahārena vo [4] bhindissan tassa matthakaṃ
tassa kammavipākena idaṃ dukkhaṃ nigacchati.
8. = 3.
9. Dhammena te kāpurisa satthi°—pe—matthakan 'ti.
See 3.

Saṭṭhikūṭasahassapetavatthu.

Mahāvaggo catuttho.

Petavatthu samattam.

---

[1] B. va. [2] B. saddhā°.
[3] B. bhaddante. [4] B. no.

II.

EXTRACTS FROM THE COMMENTARY.

I. 1.

Bhagavā Rājagahe viharanto Veḷuvane Kalandakanivāpe aññataraṃ seṭṭhiputtapetaṃ ārabbha kathesi.

Rājagahe kira aññataro aḍḍho mahaddhano mahābhogo pahūtavittūpakaraṇo anekakoṭidhanasaṃnicayo seṭṭhī ahosi.

Tassa mahādhanasampannatāya mahādhanasetthī tv eva samaññā ahosi.

Atha 'ssa eko 'va putto ahosi piyo manāpo tasmiṃ [1] viññūtaṃ patte mātāpitaro evaṃ cintesuṃ amhākaṃ puttassa divase divase sahassaṃ sahassaṃ paribbayaṃ karontassa vassasatenāpi ayaṃ dhanasaṃnicayo parikkhayaṃ na gamissatīti imassa sippuggahaṇaparissamena akilantakāyacitto yathā sukhaṃ bhoge paribhuñjatū 'ti sippaṃ na sikkhāpesuṃ vayappattassa pana kularūpayobbanavilāsasampannaṃ kāmābhimukhaṃ dhammasaññāvimukhaṃ kaññaṃ ānesuṃ. so tāya saddhiṃ abhiramanto dhamme cittamattaṃ pi anuppādetvā samaṇabrāhmaṇagurujanesu anādaro hutvā dhuttajanaparivuto rañjamāno pañcakāmaguṇe rato giddho mohena andho hutvā kālaṃ vītināmetvā mātāpitūsu kālakatesu nāṭakayinādīnaṃ [2] yathicchitaṃ dento dhanaṃ vināsetvā na cirass' eva pārijuññappatto hutvā iṇaṃ gahetvā jīvitaṃ kappento puna iṇam pi alabhitvā iṇāyikehi codiyamāno tesaṃ attano khettavatthugharādīni datvā kapālahattho bhikkhaṃ caritvā paribhuñjanto tasmiṃ yeva nagare anāthasālāyaṃ vasati. atha naṃ ekadivasaṃ [3] corā samāgatā evam āhaṃsu.

Amho purisa kiṃ tuyhaṃ iminā dujjīvitena taruṇo tvam asi thāmajavabalasampanno kasmā hatthapādavikalo viya

---

[1] D. tasmā. [2] D. naṭa°. [3] D. omits.

acchasi. ehi amhehi saha corikāya paresaṃ santakaṃ gahetvā sukhena jīvitaṃ kappehīti. so nāhaṃ corikaṃ kātuṃ jānāmīti āha. corā mayaṃ taṃ sikkhāpema kevalaṃ tvaṃ amhākaṃ vacanaṃ karohīti āhaṃsu. so sādhū 'ti sampaṭicchitvā tehi saddhiṃ agamāsi. atha te corā tassa hatthe mahantaṃ muggaraṃ datvā saṃdhiṃ chinditvā gharaṃ pavisantā taṃ [1] saṃdhimukhe ṭhapetvā sa ce idha añño koci āgacchati taṃ iminā muggarena paharitvā ekappahāren' eva mārehīti vadiṃsu. so andhabālo hitāhitaṃ ajānanto paresaṃ āgamanam eva olokento tattha aṭṭhāsi.

Corā pana gharaṃ pavisitvā gayhūpagaṃ gahetvā gharamanussehi ñātamattā 'va ito c' ito ca palāyiṃsu. gharamanussā uṭṭhahitvā sīghaṃ sīghaṃ [2] dhāvantā ito c' ito ca olokento taṃ purisaṃ saṃdhidvāre ṭhitaṃ disvā ha re duṭṭhacorā 'ti gahetvā hatthapāde muggarādīhi uppoṭhetvā rañño dassesuṃ ayaṃ deva coro saṃdhimukhe [3] gahīto 'ti.

Rājā imassa sīsaṃ chindāpehīti nagaraguttikaṃ āṇāpesi.

Sādhu devā 'ti nagaraguttiko taṃ gāhāpetvā pacchābāhuṃ gāḷhabandhanaṃ bandhāpetvā rattavaṇṇaviralamālāya [4] bandhakaṇṭhaṃ iṭṭhakacuṇṇamakkhitaṃ sīsaṃ vajjhapahaṭabheridesitamaggaṃ rathikāya rathikaṃ siṅghāṭakena siṅghāṭakaṃ kasāhi tāḷayanto āghātanābhimukhaṃ neti.

Ayaṃ imasmiṃ nagare vilumpamānakacoro gahīto 'ti kolāhalaṃ ahosi. tena ca samayena tasmiṃ nagare Sulasā [5] nāma nagarasobhinī pāsāde ṭhitā vātapānantarena [6] olokentī taṃ tathānīyamānaṃ disvā pubbe tena kataparicayā ayaṃ puriso imasmiṃ yeva nagare mahatiṃ sampattiṃ anubhavitvā idāni evarūpaṃ anatthaṃ anayavyasanaṃ patto 'ti.

---

[1] D. naṃ. [2] D. °gha. [3] D. °kho.
[4] C. °vaṇṇaviyamā°.—D. °viramā°.
[5] D. °bhā. [6] C. °re.

Tassa kāruññataṃ uppādetvā cattāro modake pānīyañ ca pesesi.

Nagaraguttikassa ca ārocesi tāva ayyo āgametu yāvāyaṃ puriso ime modake khāditvā pānīyaṃ pivissatīti ath' etasmiṃ [1] antare āyasmā Mahāmoggallāno dibbena cakkhunā olokento tassa vyasanappattiṃ disvā karuṇāya saṃcoditamānaso ayaṃ puriso akatapuñño katapāpo tenāyaṃ niraye nibbattissati. mayi pana gate modake pānīyañ ca datvā bhummadevesu uppajjissati. yan nunāhaṃ imassa avassayo bhaveyyan 'ti cintetvā pānīye modakesu ca upanīyamānesu tassa purisassa purato pāturahosi. so theraṃ disvā pasannamānaso kiṃ me idān' eva imehi ānīyamānassa [2] modakehi khāditehi. idaṃ pana paralokaṃ gacchantassa pātheyyaṃ bhavissatīti cintetvā modakehi pāniyañ ca therassa dāpesi. thero tassa pasādasaṃvaḍḍhanatthaṃ tassa passantass' eva tathārūpe ṭhāne nisīditvā modake paribhuñjitvā pānīyaṃ pivitvā uṭṭhāyāsanā pakkāmi. so pana puriso coraghātakehi āghātanaṃ netvā sīsacchedaṃ patto. anuttare puññakkhette therena katena puññena uḷārena devaloke nibbattanāraho pi yasmā Sulasaṃ āgamma mayā ayaṃ deyyadhammo laddho 'ti Sulasāya gatena sinehena maraṇakāle cittaṃ upakkiliṭṭhaṃ ahosi. tasmā hīnakāyaṃ uppajjanto paññattagahanasambhūte sandacchāye mahati nigrodharukkhe rukkhadevatā hutvā nibbatti.

So kira sace paṭhamavaye kulavaṃsaṭhapane ussukkaṃ akarissa tasmiṃ nagare seṭṭhīnaṃ aggo abhavissa majjhimavaye majjhimo pacchimavaye pacchimo. sace pana paṭhamavaye pabbajito abhavissa arahā abhavissa majjhimavaye sakadāgāmī anāgāmī vā abhavissa pacchimavaye sotāpanno abhavissa pāpamittasaṃsaggena pana itthidhutto surādhutto duccaritanirato anādarīyako hutvā anukkamena sabbasampattiyo parihāyitvā mahāvyasanaṃ patto 'ti vadanti.

Atha so aparena samayena Sulasaṃ uyyānagataṃ disvā saṃjātakāmarāgo andhakāraṃ māpetvā taṃ tattha attano

---

[1] C. atha tasmiṃ. [2] C. omits.

bhavanaṃ netvā sattāhaṃ tāya saddhiṃ saṃvāsaṃ kappesi attānañ cassā ārocesi.

Tassā mātā taṃ apassantī rodamānā ito c' ito ca paribbhamati taṃ disvā mahājano ayyo Mahāmoggallāno[1] mahiddhiko mahānubhāvo tassā gatiñ jāneyya taṃ upasaṃkamitvā puccheyyāsīti āha. sā sādhu ayyo 'ti theraṃ upasaṃkamitvā tam atthaṃ pucchi. thero ito sattame divase Veḷuvanamahāvihāre bhagavati dhammaṃ desente parisapariyante passissasīti āha. atha Sulasā taṃ devaputtaṃ aroci[2] mayhaṃ tava bhavane vasantiyā ajja sattamo divaso mama mātā maṃ apassantī paridevasokasamāpannā bhavissati sādhu maṃ deva tatth' eva nehīti. so taṃ netvā Veḷuvane bhagavati dhammaṃ desente parisapariyante ṭhapetvā adissamānarūpo aṭṭhāsi. tato mahājano Sulasaṃ disvā evam āha amma Sulase tvaṃ ettakaṃ divasaṃ kuhiṃ gatā tava mātā taṃ apassantī paridevasokasamāpannā ummādappattā viya jātā 'ti. sā taṃ pavattiṃ mahājanassa ācikkhi. mahājanena pi kathaṃ so puriso tathā pāpapasuto akatakusalo devūpapattiṃ paṭilabhatīti vutte Sulasā mayā dāpite modake pānīyañ ca ayyassa Mahāmoggallānattherassa datvā tena puññena devūpapattiṃ paṭilabhatīti āha. taṃ sutvā mahājano acchariyabbhutacittajāto ahosi. arahanto nāma anuttaraṃ puññakkhettaṃ lokassa. yesu appako pi kato kāro sattānaṃ devūpapattiṃ āvahatīti uḷāraṃ pītisomanassaṃ pativedesi. bhikkhū tam atthaṃ bhagavato ārocesuṃ tato bhagavā imissāya aṭṭhuppattiyā imā gāthā abhāsi.

1. *a.* Tattha KHETTŪPAMĀ 'ti khittaṃ vuttaṃ bījan nāyati mahapphalaṃ bhāvakaraṇena rakkhatīti khettaṃ. sālibījādīnaṃ virūhanaṭṭhānaṃ taṃ upamā ete santi khettūpamā kedārasadisā 'ti attho. ARAHANTO 'ti khīṇāsavā. te hi uddissanena sammānetvā anubhūyamānadukkhato te mocetvā pete hi uddissa dīyamānaṃ dānaṃ tesaṃ pūjā nāma hoti. tenāha.

Amhākañ ca katā pūjā petānaṃ pūjā ca katā uḷārā 'ti ca.

2. *c.* PETĀ 'ti ca saddena piyo ca hoti manāpo abhigama-

---

[1] C. ayya. [2] C. aroca.—D. arocasi.

nīyo ca hoti vissāsanīyo bhāvanīyo ca hoti garukātabbo pasaṃso ca hoti kittanīyo viññānan 'ti evam ādike diṭṭhadhammike dānānisaṃse saṃgaṇhāti.

3. *c*. SAGGAÑ CA KAMATI ṬHĀNAṂ KAMMAṂ KATVĀNA BHADDAKAN 'ti bhaddakaṃ kalyāṇaṃ kusalaṃ kammaṃ katvā dibbehi āyu-ādīhi dasahi ṭhānehi suṭṭhu-aggattā saggan 'ti laddhanāmaṃ katapuññānibbattanaṭṭhānaṃ devalokaṃ kamati uppajjanavasena uppajjati. ettha ca kusalaṃ katvā 'ti vatvā puna kammaṃ katvāna bhaddakan' ti vacanaṃ deyyadhammaṃ pariccāgo viya pattidānavasena dānadhammapariccāgo pi dānamayakusalakammam evā 'ti dassanatthan 'ti daṭṭhabbaṃ.

Keci pan' ettha PETĀ 'ti arahanto adhippetā 'ti vadanti tan tesaṃ matimattaṃ. PETĀ 'ti khīṇāsavānaṃ āgataṭṭhānass' eva abhāvato bījādibhāvassa padāyakassa viya tesaṃ ayujjamānattā petayonikānaṃ yajamānattā ca.

I. 3.

1. *a*. VAṆṆADHĀTUN 'ti chavivaṇṇam.

b. VEHĀYASAN TIṬṬHASI ANTALIKKHE 'ti vehāyasasaññite antalikke tiṭṭhasi. keci pana vehāyasan tiṭṭhasi antalikkhe 'ti pāṭhaṃ vatvā vehāyasaṃ obhāsento antalikke tiṭṭhasīti vacanasesena aṭṭhaṃ vadanti. PŪTIGANDHAN 'ti kuṇapagandhaṃ duggandhan 'ti attho.

2. *a*. ATIDUKKHAVĀCO 'ti vā pāṭho ativiyapharusavacano musāvādapesuññādivacīduccaritanirato.

b. TAPASSĪRŪPO 'ti samaṇo paṭirūpako. MUKHASĀ 'ti mukhena.

c. LADDHĀ 'ti paṭiladdhā. cakāro sampiṇḍanattho ME 'ti mayā TAPASĀ 'ti brahmacariyenā 'ti PESUNIYENĀ 'ti pisunāvācāya PŪTĪTI pūtigandhaṃ.

3. *a*. TAYIDAN 'ti taṃ idaṃ mama rūpaṃ.

b. ANUKAMPAKĀ YE KUSALĀ VADEYYUN 'ti ye anukampanasīlā kāruṇikā parahitapaṭipattiyaṃ kusalā nipuṇā buddhādayo yaṃ vadeyyuṃ tad eva vadāmīti adhippāyo.

I. 5.

1. *a*. Tattha tirokuḍḍesu 'ti kuḍḍānaṃ parabhā-

gesu tiṭṭhantīti nisajjādipaṭikkhepato ṭhānakappanavacanam etaṃ gahapākārakuḍḍānaṃ parato bahi evaṃ tiṭṭhantīti attho.

b. Saṃdhisiṅghāṭakesu cā 'ti saṃdhīsu ca siṅghāṭakesu ca. saṃdhiyo 'ti catukoṇaracchā gharasaṃdhibhittisaṃdhi-ālokasaṃdhiyo pi vuccanti. siṅghāṭake 'ti koṇaracchā. dvārabāhāsu tiṭṭhantīti nagaradvāra gharadvārānaṃ bāhā nissāya tiṭṭhanti.

I. 10.

10. *c.* Doṇinimmiñjanan 'ti visandamānatelaṃ miñjakaṃ.

I. 11.

3. *a.* Yo so purato gacchatī ti pi pāṭho.

b. Catukkamenā 'ti catuppadena.

4. *b.* Suvaggitenā 'ti sundaragamanena vā turaṃgamanena.

5. *b.* Migamandalocanā 'ti migī viya mandakkhipātā.

d. Bhāgaḍḍhabhāgenā 'ti bhāgassa aḍḍhabhāgena attanā laddhakoṭṭhāsato aḍḍhabhāgadānena hetubhūtena sukhī ti sukhinī liṅgavipallāsena h' etaṃ vuttaṃ.

6. *e.* Paricārinīti (*sic*) dibbesu kāmaguṇesu attano indriyāni ito c' ito ca yathā sukhaṃ cārenti. parijanehi vā attano puññānubhāvanissandena pāricariyaṃ kārenti.

f. Mayaṃ sussāma naso (*sic*) 'va sandhinto[1] (*sic*) 'ti mayaṃ pana dinno (*sic*) ātape pakkhitto naḷo viya sussāma khuppipāsāhi aññamaññaṃ daṇḍābhighātena ca sukkhavisukkhā bhavāmā 'ti.

7. *a.* Kis sayānan 'ti kīdisaṃ sayanaṃ. Kis sayānā 'ti ke ci paṭhanti kīdisī sayanā kīdise sayane sayatha 'ti attho.

b. Kathaṃ hi yāpethā 'ti pi pāṭho.

d. Sukhaṃ virāgāyā 'ti sukhahetuno puññassa akaraṇena sukhaṃ virajjhitvā virādhetvā. sukhassa virāgenā 'ti keci paṭhanti.

---

[1] D. 'van dhitto (ditto ?)

8. *c*. Tattha NA DĀTĀ (D. dhā°) HOMĀ 'ti dātā suhitā (D. su hi gātitā) na homa.

d. Dhatādimhamhase (*sic*) (C. dhādimhase 'ti) 'ti na ruccāma na ruciṃ uppādema na taṃ mayaṃ attano ruciyā pivissāmā 'ti attho.

10. *b*. CIRAṂ GHĀYARE DAYHAMĀNĀ 'ti khudādihetukena dukkhagginā akataṃ vata amhehi kusalaṃ kataṃ pāpan 'ti ādinā pavattamānena vippaṭisāragginā ḍayhamānā ghāyanti anutthunantīti attho.

11. *a*. ITTARAN 'ti nacirakālaṭṭhāyi aniccaṃ vipariṇāmadhammaṃ. ITTARAṂ IDHA JĪVITAM 'ti idhā manussaloke sattānaṃ jīvitaṃ pi ittaraṃ parittaṃ appakaṃ tenāha bhagavā yo ciraṃ jīvati so vassasataṃ appaṃ vā bhiyyo vā 'ti.

12. *c*. TE DĀNE sabbakālaṃ NAPPAMAJJANTI SUTVĀ ARAHATAṂ VACO 'ti arahataṃ buddhādīnaṃ ariyānaṃ vacanaṃ sutvā 'ti attho.

I. 12.

1. *b*. Saṃsāre paribbhāmanto satto porāṇassa kammassa parikkhīṇattā jajjarībhūtaṃ san tanuṃ attano sarīraṃ hitvā gacchati yathā kammaṃ gacchati. punabbhavavasena uppajjatīti attho.

2. *d*. TATO (*sic*) SO TASSA YĀ GATĪTI yadi pi matamatasattā[2] na uppajjanti matassa pana katokāsassa kammassa vasena sā gati pāṭikaṅkhā taṃ pūti-anantaram eva gato na so na purimañātīnaṃ ruditaṃ paridevitaṃ vā paccāsiṃsati nāpi yebhuyyena purimañātīnaṃ ruditena kāci atthasiddhīti adhippāyo.

3. Tattha ANABBHITO 'ti anabbhito ehi mayhaṃ puttabhāvaṃ upagacchā 'ti evaṃ apakkosīti.

II. 1.

1. *b*. Tattha DHAMANISAṂṬHITĀ 'ti nimmaṃsalohitattāya sirājālāvijāṭatattā UPPHĀSULIKE 'TI uggataphāsulike. KISIKE ti kisā sarīre pubbe pi kiseti vatvā puna kisikā 'ti vacanaṃ

---

[1] D.—C. dhātā. [2] D. matā°.

aṭṭhicammanahārumattasarīratāya ativiyakisabhāvadassanatthaṃ vuttaṃ.

7. *c*. Tattha BHIKKHŪNAN 'ti bhikkhuno. vacanavipallāsena h' etaṃ vuttaṃ. ĀLOPAṂ BHIKKHUNO DATVĀ 'ti keci paṭhanti. ālopan 'ti kevalaṃ ekālopamattaṃ bhojanan 'ti attho. PĀṆIMATTAÑ CA COLAKAN 'ti ekahatthappamānaṃ colakhaṇḍan 'ti attho.

8. *a*. THĀLAKASSA ca PĀNĪYAN 'ti eka thālakapūraṇamattaṃ udakaṃ. . . .

13. *a*. Tattha UPAKAṆḌAKIN 'ti upakaṇḍakajātaṃ.[1] . . .

b. APPAṬICCHAVIN 'ti chinnabhinnasarīracchaviṃ. . . .

c. DUGGATAN 'ti duggatigataṃ.

16. *c*. So kira Nandarājā amhākaṃ satthu mahāsāvako Mahākassapatthero ahosi. tassa aggamahesī Bhaddakāpilā 'ti nāma. ayaṃ pana Nandarājā dasavassasahassāni sayaṃ dibbavatthāni paridahanto sabbam eva attano vijitaṃ Uttarakurusadisaṃ karonto āgatānaṃ manussānam dibbānaṃ dibbadussāni adāsi tay idaṃ dibbavatthasamiddhaṃ saṃdhāya ayaṃ petī āha. YĀVATĀ NANDARĀJASSA VIJITASMIṂ PAṬICCHĀDĀ 'ti tattha vijitasmiṃ 'ti raṭṭhe PAṬICCHĀDĀ 'ti ca vatthāni tāni hi paṭicchādenti etehīti paṭicchādā 'ti vuccanti.

20. *b*. APPAṬIGANDHIYĀ 'ti paṭikkulagandharahitā surabhigandhā. VĀRIKIÑJAKKHAPŪRITĀ 'ti kamalakuvalayādīnaṃ kesarasaṃchannena vārinā paripuṇṇā.

II. 2.

3. *a*. KHELAN 'ti niṭṭhubhanaṃ. SIṄGHĀṆIKAN 'ti matthaluṅgato vissanditvā nāsikāya nikkhamamalaṃ. SILESUMAN 'ti semhaṃ. VASAÑ CA ḌAYHAMĀNĀNAN 'ti cittakāya ḍayhamānānaṃ kalebarānaṃ vasātelañ ca.

5. *d*. NĪLAMAÑCAPARĀYANĀ 'ti susāne chaḍḍitamālā[2] mañcasayanā. atha vā NĪLĀ 'ti chārikaṅgārabahulā susānabhūmi adhippetā tay' eva mañcaṃ viya adhisayanā 'ti attho.

II. 3.

5. *d*. KENĀSI PAṂSUKUṬṬHITĀ 'ti kena kammunā saṃkārapaṃsūhi uguṇṭhitā sabbaso okiṇṇasarīrā ahū 'ti attho.

[1] C. upakaḍḍha°. [2] C. °malā°.

6. *a*. SĪSAṂ NAHĀTĀ 'ti sarīraṃ nahātā ADHIMATTAN 'ti adhikataraṃ. SAMALAṂKATARĀ 'ti sammā atisayena alaṃkatā 'ti. ADHIMATTĀ 'ti vā pāṭho. ativiyamattā mānamadamattā mānanissitā 'ti attho. TAYĀ 'ti bhotiyā.

7. *b*. SĀMIKENA SADDHIṂ ĀMANTAYĪTI sāmikena saddhiṃ allāpasallāpavasena kathesi.

9. *d*. KHAJJASI KACCHUYĀ[1] 'ti kacchurogena khādīyasīti attho.

10. *a*. BHESAJJAHĀRĪTI bhesajjahāriṇiyo osadhihārikāyo. UBHAYO 'ti duve tvañ ca ahañ cā 'ti attho. VANANTAN 'ti vanaṃ.

c. TVAÑ CA BHESAJJAM AHĀRĪ ti[2] tvaṃ vejjehi vuttaṃ attano upakārāvahaṃ bhesajjaṃ āhari.

d. AHAÑ CA KAPIKACCHUNO 'ti ahaṃ pana kapikacchuphalāni dupphassaphalāni āhariṃ. kapikaccha (*sic*) 'ti vā sayaṃguttā vuccati tasmā sayaṃguttāya pattaphalāni āharantīti attho.

11. *b*. SEYYAṂ TY ĀHAṂ SAMOKIRIN 'ti tava seyyaṃ ahaṃ kapiphalapattehi samantato avakiri.

13. *a*. SAHĀYĀNAN 'ti mittānaṃ SAMAYO 'ti samāgamo ÑĀTĪNAN 'ti bandhūnaṃ SAMITIN 'ti saṃnipāto.

c. ĀMANTITĀ 'ti maṅgalakiriyāvasena nimantitā.

d. SASĀMĪ ti sapatikā saha bhattunā 'ti attho. NO CA KHO AHAṂ KHO (*sic*) 'ti no ca kho ahaṃ āmantitā āsin 'ti yojanā.

14. *b*. DUSSAṂ TY ĀHAN 'ti dussan te ahaṃ. APĀNUDIN 'ti corikāya avahariṃ aggahesiṃ.

16. *b*. PACCAGGHAN 'ti abhinavaṃ mahagghaṃ vā. ATHĀRESIN[3] 'ti khipi.

17. *b*. GŪTHAGANDHINĪTI gūthagandhagandhinī karīsavāyinī.

18. *d*. YAṂ GEHE VIJJATE DHANAN 'ti yaṃ gehe dhanaṃ upalabhati[4] taṃ tuyhaṃ mayhaṃ ñāti-amhākaṃ UBHINNAṂ SAMAKAṂ tulyam eva āsi.

19. *a*. SANTESU 'ti vijjamānesu.

---

[1] D. khajjuyā.
[2] D. bhesajjahārīti.
[3] C. āthā.°
[4] C. upalabheti.

b. Dīpan 'ti patiṭṭhaṃ puññakammaṃ saṃdhāya vadati.

20. *a*. Tattha tad evā 'ti tadā evaṃ. mayhaṃ manussattabhāve ṭhitakāle yeva. tath' evā 'ti vā pāṭho.

b. . . . pāpakamman 'ti ādi vuttaṃ pāpakammānīti pāḷi.

21. *a*. Tattha vāmato maṃ tvaṃ paccesīti vilomato maṃ tvaṃ avagacchasi tuyhaṃ hitesī na paccanikakārinī katvā maṃ gaṇhāsi.

b. Maṃ usūyasīti mayhaṃ issayasi mayhaṃ issaṃ karosi.

22. *c*. . . . parivārenti paribhuñjante. ime 'ti hi liṅgavipallāsena vuttaṃ.

23. *a*. Idāni bhūtassa pitā 'ti idāni bhūtassa mayhaṃ puttassa pitā kuṭumbiko āpanā āpanato imaṃ gehaṃ ehiti āgamissati.

d. Mā su tāva ito agā 'ti ito gehassa pacchā vatthuto mā tāva agamāsīti anukampanā āha.

24. *c*. *d*. Tattha kopīnaṃ etaṃ itthīnan 'ti etaṃ naggādubbaṇṇatādikaṃ paṭicchādetabbatāya itthīnaṃ kopīnaṃ rundhamānaṃ. mā maṃ bhūtapitāddasā 'ti tasmā bhūtassa pitā kuṭumbiko mā maṃ addakkhīti lajjamānā 'va vadati.

26. *a*. *b*. Tattha cattāro bhikkhū saṃghato cattāro pana puggalā 'ti bhikkhusaṃghato saṃghavasena cattāro bhikkhū puggalavasena cattāro bhikkhū 'ti evaṃ aṭṭha bhikkhū yathā ruciṃ bhojetvā taṃ dakkhiṇaṃ mama ādisi mayhaṃ pattidānaṃ dehi.

35. *b*. Vasavattīnan 'ti dibbena ādhipateyyena attano vasaṃ vattentānaṃ.

36. *a*. samūlan 'ti salobhadosaṃ lobhadosā hi macchariyassa mūlaṃ nāma.

II. 4.

1. *a*. *b*. Tattha kālī ti kālavaṇṇā jhāmaṅgārasadisā ahosi. Pharusā 'ti kharattā. bhīrudassanā 'ti bhayānakadassanā sappaṭibhayākārā. bhīrudassanā 'ti (?) vā pāṭho. bhāriyadassanā dubbaṇṇatādinā duddasikā 'ti attho.

c. Piṅgalā 'ti piṅgalalocanā. kalārā 'ti kalāradantā.

II. 6.

1. Tattha KAṆHĀ[1] 'ti Vāsudevagottenālapati. KO ATTHO SUPINENA TE 'ti supinena tuyhaṃ kā nāma vuḍḍhi. SAKO BHĀTĀ 'ti sodariyo bhātā. HADAYAÑ CA CAKKHUÑ CA DAKKHIṆAN 'ti hadayena me 'va dakkhiṇacakkhu nāma sadiso 'ti attho. TASSA VĀTĀ BALĪYANTĪTI tassa aparāparaṃ uppajjamānā ummādavātā balavanto hontīva byanti (*sic*) abhibhavanti. JAPPATĪTI sasaṃ me dethā 'ti vippalapati. KESAVĀ 'ti so kira kesānaṃ sobhanānaṃ atthitāya KESAVO 'ti vohariyati tena taṃ nāmena ālapati.

3. *b*. DVĀRAKAN 'ti Dvāravatīnagaraṃ.

7. *a*. Tattha ÑĀTīti kaniṭṭham ālapati. ayaṃ c' ettha attho mayhaṃ piyañāti yaṃ atimadhuraṃ attano jīvitaṃ taṃ vijahissasi maññe yo appatthetabbaṃ patthesīti.

11. *c*. PAHŪTADHANADHAÑÑĀSE[2] ti tiṇṇaṃ catuṇṇaṃ vā saṃvaccharānaṃ atthāya nidahitvā ṭhapetabbassa niccayapariccayabhūtassa dhanadhaññassa vasena apariyantadhanadhaññā.

12. *c*. ETE ti yathāvuttakhattiyādayo AÑÑĀ 'ti anantarā evavaṇṇabhūtā Ambaṭṭhādayo. JĀTIYĀ 'ti attano jātinimittaṃ ajarāmaraṇā nāhesun 'ti attho.

13. *a*. MANTAN 'ti vedaṃ. PARIVATTENTĪTI sajjhāyanti vācenti ca. atha vā parivattentīti anuparivattentā homaṃ karontā japanti.

b. CHAḶAṄGAN 'ti sikkhā-kāvya-nirutti-vyākaraṇa-jotisattha-chandādīhīti saṃkhātehi chahi aṅgehi yuttaṃ. BRAHMACINTITAN 'ti brāhmaṇānam atthāya brāhmaṇacintitaṃ kathitaṃ.

c. VIJJĀYĀ 'ti brāhmaṇasadisavijjāya samannāgatā pi.

20. *c*. ANVESI anudesi.

II. 7.

4. *a*. Tattha DASAṆṆĀNAN 'ti Dasaṇṇaraṭṭhassa evaṃ nāmakānaṃ ca rājūnaṃ. ERAKACCHAN 'ti tassa nagarassa nāmaṃ.

---

[1] C. °ṇho. [2] D. °ñose.

5. *a*. Tattha SAKAṬAVĀHĀNAN 'ti vīsatikhāriko vāho so sakaṭan 'ti pavuccati. tesaṃ sakaṭavāhānaṃ asīti hiraññassa kahāpaṇassa me ahosīti yojanā.

10. *c*. Yo SAṂYAMO SO VINĀSO 'ti lobhādivasena yaṃ saṃyamanaṃ kassaci pi adānaṃ so imesaṃ sattānaṃ vināso nāma petayoniyaṃ nibbatapetānaṃ mahāvyasanassa hetubhāvato YO VINĀSO SO SAṂYAMO 'ti iminā yathā vuttassa sattassa ekantikābhāvaṃ vadati.

11. *a*. Tattha SAṂYAMISSAN 'ti sayaṃ pi dānādipuññakiriyato saṃyamanaṃ saṃkopaṃ akāsiṃ.

17. *d*. UPACCHĀPI PHALĀYITAN (*sic*) 'ti uppatitvā ākāsena gacchantānaṃ pi mokkho natthi yevā 'ti attho. upeccā 'ti pi pāḷi. ito vā etto vā palāyante tumhe 'nubandhissatīti adhippāyena upecca saṃcicca palāyantānaṃ pi tumhākaṃ tato mokkho natthi.

18. *a*. MATTEYYĀ 'ti mātu upaṭṭhānakarā tathā petteyyā 'ti veditabbo.

II. 8.

1. *a*. Tattha PABBAJITO 'ti samaṇo. Rājā kira taṃ naggattā ca muṇḍattā pi naggo samaṇo ayan 'ti saññāya NAGGO KISO PABBAJITO sīti ādim āha.

b. Tassa KISSA HETŪ 'ti kiṃ nimittaṃ.

d. SABBENA VITTAṂ PAṬIPĀDAYE TUVAN 'ti patiyā upakaraṇabhūtaṃ vittaṃ sabbena bhāgena tuyhaṃ ajjhāsayānurūpaṃ sabbena vā ussāhena paṭipādeyya tadā kātuṃ mayaṃ app eva sakkuneyyāma tasmā ācikkha me taṃ etaṃ tava āgamanakāraṇaṃ mayhaṃ kathehīti attho.

2. *a*. Tattha DŪRAGHUṬṬHAN 'ti dūrato evaṃ tulāsaṃkitanavasena ghositaṃ sabbattha vissutaṃ pākaṭan 'ti attho.

b. AḌḌHAKO 'ti aḍḍho mahāvibhavo. DĪNO 'ti nihīnacitto adānajjhāsayo. tenāhaṃ ADĀTĀ GATHITAMANO ĀMISASMIN 'ti kāmāmise laggacitto gedhaṃ āpanno.

3. *a*. So SŪCIKĀYA KILAMITO 'ti so ahaṃ vijjhanatthena sūcisadisatāya sūcikāya laddhanāmāya jighacchāya kilamito nirantaraṃ vijjhamāno. KILAMATHO 'ti icc evaṃ vā pāṭho.

4. *c*. UPAKKHATAN 'ti sajjitaṃ. PARIVISANTĪTI (*sic*) bhojayanti.

5. *d*. SADDHĀYITAN 'ti saddhāyitabbaṃ HETUVAHE 'ti hetuyuttaṃ vacanaṃ.

8. *a*. PARIVISAYĀṄĀ 'ti bhojetvā.

9. *a*. NIPATITVĀ 'ti nikkhamitvā.

c. ĀROCAYI PAKATIṂ TATHĀGATASSĀ 'ti idaṃ dānaṃ bhante aññataraṃ petaṃ saṃdhāya katan 'ti pakatipavuttiṃ bhagavato arocesiṃ.

II. 9.

Tatrāyaṃ saṃkhepakathā.

Ye te Uttaramadhurādhipatino rañño Mahāsāgarassa puttā Upasāgaraṃ paticca Uttarāpathe Kaṃsabhoge Asitañjanigāme Mahākaṃsassa dhītāya Devagabbhāya kucchiyaṃ uppannā Añjanadevī Vāsudevo Baladevo Candadevo Suriyadevo Aggidevo Varuṇadevo Ajjuno Pajjuno Ghatapaṇdito Aṅkuro cā 'ti Vāsudevādayo dasa bhātikā 'ti ekādasa bhātikā khattiyā. tesu Vāsudevādayo bhātaro Asitañjananagaraṃ ādim katvā Dvāravatīpariyosānesu sakala-Jambudīpesu tesaṭṭhiyā nagarasahassesu sabbe rājāno cakkena jīvitakkhayaṃ pāpetvā Dvāravatiyaṃ vasamānā rajjaṃ dasa koṭṭhāse katvā vibhajiṃsu. bhaginiṃ pana Añjanadeviṃ na sariṃsu. puna saritvā ekādasa koṭṭhāse karomā 'ti vutte tesaṃ sabbakaniṭṭho Aṅkuro nāma mama koṭṭhāsaṃ tassā detha ahaṃ vohāraṃ katvā jīvissāmi tumhe attano attano janapadesu suṅkaṃ mayhaṃ vissajjethā 'ti āha. te sādhū 'ti sampaṭicchitvā tassa koṭṭhāsaṃ bhaginiyā datvā nava rājāno Dvāravatiyaṃ vasiṃsu. Aṅkuro pana vaṇijjaṃ karonto niccakālaṃ mahādānaṃ deti. tassa pan' eko dāso bhaṇḍāriko atthakāmo ahosi. Aṅkuro pasannamānaso tassa ekaṃ kuladhītaraṃ gahetvā adāsi. so putte gabbhagate yeva kālam akāsi Aṅkuro tasmiṃ jāte tassa pituno dinnaṃ bhattavetanaṃ adāsi. atha tasmiṃ dārake vayappatte dāso na dāso 'ti rājakule vinicchayo uppajji taṃ sutvā Añjanadevī dhenūpamaṃ katvā mātubhujissāya putto pi bhujisso evā 'ti dasavyato mocesi. dārako pana lajjāya tattha vasituṃ avisahanto Bheruvanagaraṃ gantvā tattha aññatarassa tantavāyassa dhītaraṃ gahetvā tantavāyasippena jīvitaṃ kappesi.

Tena samayena Bheruvanagare Asayhamahāseṭṭhī nāma samaṇabrāhmaṇakapaṇiddhikavanibbakayācakānaṃ mahādānaṃ deti. so tantavāyo seṭṭhino gharaṃ ajānantānaṃ pītisomanassajāto hutvā Asayhaseṭṭhino nivesanaṃ dakkhiṇaṃ bāhuṃ pasāretvā dassesi. ettha gantvā laddhabbaṃ labhantū 'ti. tassa kammaṃ pāḷiyaṃ yeva āgataṃ.

So aparena samayena kālaṃ katvā Marubhūmiyaṃ aññatarasmiṃ nigrodharukkhe bhummadevatā hutvā nibbatti tassa dakkhiṇahattho kāmadado ahosi. tasmiṃ yeva Bheruve aññataro puriso Asayhaseṭṭhino dāne vyāvaṭo assaddho appasanno micchādiṭṭhiko puññakiriyāye anādaro kālaṃ katvā tassa devaputtassa vasanaṭṭhānassa avidūre peto hutvā nibbatti. tena ca katakammaṃ pāḷiyam yeva āgataṃ. Asayhamahāseṭṭhī pana kālaṃ katvā Tāvatiṃsabhavane Sakkassa devarañño sahavyataṃ upagato.

Atha aparena samayena Aṅkuro pañcahi sakaṭasatehi bhaṇḍaṃ ādāya aññataro pi brāhmaṇo pañcahi sakaṭasatehīti dve janā sakaṭasahassehi Marukantāramaggaṃ paṭipannā maggamūḷhā hutvā bahudivase tatth' eva vicarantā parikkhīṇatiṇodakāhārā ahesuṃ. Aṅkuro assadūtehi catūsu disāsu pānīyaṃ maggāpesi. atha so kāmadadahattho yakkho taṃ tesaṃ vyasanappattiṃ disvā Aṅkurena pubbe attano kataṃ upakāraṃ cintetvā handa dāni imassa mayā avassayena bhavitabban 'ti attano vasanavaṭarukkhaṃ dassesi. so kira vaṭarukkho sākhāviṭapasampanno ghanapalāso sandacchāyo anekasahassapāroho āyāmena vitthārena ubbedhena ca yojanaparimāṇo ahosi. taṃ disvā Aṅkuro haṭṭhatuṭṭho tassa heṭṭhā khandhāvāram bandhāpesi. yakkho attano dakkhiṇahatthaṃ pasāretvā paṭhamaṃ tāva pānīyena sabbaṃ janaṃ saṃtappesi. tato yo yo yaṃ yaṃ icchati tassa tassa taṃ taṃ adāsi. evaṃ tasmiṃ mahājane ānāvidhena annapānādinā yathākāmaṃ saṃtappite vūpasante maggaparissame so brāhmaṇavāṇijo ayoniso ummajjanto evaṃ cintesi dhanalābhāya ito Kambojaṃ gantvā mayaṃ kiṃ karissāma imam eva pana yakkhaṃ yena kenaci upāyena gahetvā yānaṃ āropetvā amhākam nagaram eva gamissāma 'ti. evaṃ pana cintetvā tam atthaṃ Aṅkurassa kathento. . . . gāthādvayam āha.

1. *b*. DHANAHĀRAKĀ 'ti bhaṇḍavikkayena laddhadhanahārino. . . .

d. NĪYĀMASE 'ti nayissāma.

2. *b*. SĀDHUKENĀ 'ti yācanena PASAYHĀ 'ti abhibhavitvā balakkārena.

6. *c*. Tattha SAMŪLAṂ PI TAṂ ABBUYHĀ 'ti taṃ tattha saha mūlena samūlaṃ pi abbūheyya uddhareyyā 'ti attho.

8. *d*. ADUBBHAPĀṆĪTI ahiṃsakahattho hatthasaṃyato ḌAHATE MITTADUBBHIN 'ti taṃ mittadubbhipuggalaṃ ḍahati vināseti.

9. *c*. ALLAPĀṆIHATO POSO 'ti allapāṇi nāma upakārakiriyāya allapāṇinā dhotahatthena pubbakārinā heṭṭhā vuttanayena hato bādhito tassa vā pubbakārino bādhanena hato allapāṇinā akataññupuggalo.

11. *b*. HAN 'ti asahane nipāto NA SUPPASAYHO 'ti appadhaṃsiyo.

12. *b*. PAÑCADHĀRO 'ti pañcahi aṅgulīhi parehi kāmitavatthūnaṃ dhārā ekassa santīti pañcadhāro MADHUSSAVO 'ti madhurasavissandako.

16. *a*. ĀVESANAN 'ti gharaṃ kammakaraṇasālā vā.

17. *b*. VANIBBAKĀ 'ti vaṇṇidīpakā ye dāyakassa puññaphalādīnañ ca guṇakittanādimukhena attano atthikabhāvaṃ pavedentā vicaranti.

23. *a*. ASAYHASĀHINO 'ti aññehi maccharīhi lobhābhibhūtehi sahitaṃ asakkuneyya pariccādivibhāgassa sappurisassa madhurassa sahanato Asayhasāhino. AṄGĪRASASSĀ 'ti aṅgato nikkhamanajutissa. raso 'ti hi jutiyā adhivacanaṃ.

c. SUTAÑ CA ME VESSAVANASSA SANTIKAN 'ti api ca kho upaṭṭhānaṃ gatena Vessavanamahārājassa santike sutam etaṃ mayā.

25. *c*. PAṬṬHĀPAYISSĀMĪ ti pavattessāmi.

27. *a*. Tattha KUṆḌĀ 'ti kuṇitā patikuṇitā anujubhūtā.

b. KUṆḌALĪKATAN 'ti mukhavikārena vikucitaṃ saṃkuṇḍitam. PAGGHARANTĪ ti asuciṃ visandanti.

28. *b*. GHARAM ESINO 'ti gharam āvasantassa gahaṭṭhassa.

32. *b*. PARAPATTIYAṂ parena pāpetabbaṃ sādhetabbaṃ kareyya. . . .

37. *c*. SANTĀNĪTI parissamasampattāni [1] YOGGĀNĪTI

[1] C. parissamappattāni.

rathayugavāhanakā. ITO YOJENTU VĀHANAṂ 'ti ito yoggā samūhato yathā rucim taṃ gahetvā vāhanaṃ yojentu.

38. *c.* ITI SU 'ti nipātamattaṃ. . . . KAPPAKĀ 'ti nahāpikā SŪDĀ 'ti bhattakārā. MĀGADHĀ 'ti gandhino.

42. *d.* SURIYASS UGGAMANAṂ PATI ti suriyassa gamanavelāya.

44. *a.* Tattha NA SABBAVITTĀNĪ ti saviññāṇakāviññāṇakappabhedāni sabbāni vittūpakaraṇāni dhanānīti attho. PARE 'ti parasmiṃ parassā 'ti attho. NA PPAVECCHATI na dadeyya dakkhiṇeyyo laddhā 'ti katvā kiñ ci asesetvā sabbasāpateyyapariccāgo na kātabbo 'ti attho.

50. Taṃ sutvā Aṅkuro Dakkhiṇapathaṃ gantvā Damiḷavisaye samuddassa avidūraṭṭhāne mahatiyo dānasālāyo kārāpetvā mahādānāni pavattento yāvatāyukaṃ ṭhatvā kāyassa bhedā paraṃ maraṇā Tāvatiṃsabhavane nibbatti. tassa dānavibhūtiṃ saggūpapattiñ 'ca dassento saṃgītikārā . . . gāthā āhaṃsu.

51. *a.* TISAHASSĀNI SŪDĀNAṂ 'ti ca paṭhanti.

c. PĀVAṬĀ ussukkaṃ āpannā.

52. *d.* KAṬṬHAṂ PHĀLENTI MĀṆAVĀ 'ti nānappakārānaṃ khajjabhojjanādi-āhāravisesānaṃ pacanāya alaṃkatapaṭiyattā taruṇamanussā kaṭṭhāni phālenti vidālenti.

53. *d.* VIDHĀ 'ti vidhātabbāni bhojanayogāni kaṭukabhaṇḍāni piṇḍentīti pi savanavasena yojenti.

54. *d.* DABBIGĀHĀ 'ti kaṭacchugāhikā UPAṬṬHITĀ 'ti parivesanaṭṭhānaṃ upagantvā ṭhitā honti.

55. *d.* VITTIṂ KATVĀ 'ti gāravabahumānayogena cittena karitvā pūjetvā.

68. *a.* CODITO BHĀVITATTENA 'ti pāramiparibhāvitāya ariyamaggabhāvanāya bhāvitattena sammāsambuddhena codito.

d. Tattha DAKKHIṆEYYENA SUÑÑATAṂ 'ti yaṃ dakkhiṇeyyena suññattaṃ rittakaṃ virahitaṃ tadā mahādānaṃ tasmā kiṃ mayhaṃ tena dānenā 'ti attano dānapuññaṃ dānaṃ hīḷento vadati.

70. *a.* UJJHAṄGALE 'ti ativiyathaddhabhūmibhāge. upare 'ti keci vadanti.

72. *c.* Tattha SAMMĀDHĀRAṂ PAVECCHANTĪ ti (*sic*) vuṭṭhi-

dhāraṃ[1] sammad eva pavattente aḍḍhamāsaṃ anudasāhaṃ anupañcāhaṃ deve vassante 'ti attho.

73. *b*. Tādīsū 'ti itthādīsu tādilakkhaṇapattesu.

c. Kāran 'ti liṅgavipallāsena vuttaṃ upakāro 'ti attho.

II. 10.

1–2. Imā dve gāthā saṃgītikārehi idha ādito ṭhapitā.

1. *d*. Tattha bhīrudassanā 'ti bhayānakadassanā bhīrudassanā (?) 'ti vā pāṭho. bībhacchabhīrudassanā 'ti attho.

2. *b*. Yāva bhummāvalambare 'ti yāva bhūmi 'v olambanti.

3. *f*. Pānīyāyā 'ti pānīyatthāya āhiṇḍantiyā me pānīyaṃ dehi bhante 'ti yojanā.

7. *d*. Pavecchatīti deti. . . . idaṃ pana dutiyapetavatthuṃ dutiyasaṃgītiyaṃ pana saṃgahaṃ ārūḷhan 'ti daṭṭhabbaṃ.

II. 11.

4. *a*. Tattha sattā 'ti vibhattilopena niddeso nissakke vā etaṃ paccattavacanaṃ. vassasatā 'ti vassasatato sattahi vassasatehi uddhaṃ tvaṃ idhāgatā imaṃ vimānaṃ āgatā idhāgatāya tuyhaṃ satta vassasatāni hontīti attho.

6. *b*. Theḷin 'ti thāvarin 'ti chinnakhinnan 'ti attho.

II. 12.

2. *d*. Puṇḍarīkasamogatā 'ti setapadumehi ca samokiṇṇā.

3. *a*. Surabhī saṃpavāyantīti sammad eva sugandhaṃ vāyati pokkharaṇīti adhippāyo.

c. Haṃsakoñcābhirudā 'ti haṃsehi ca koñcehi ca abhināditā.

4. *b*. Nānāsaragaṇayutā 'ti nānā vividhavihaṃgavibhīrudasamūhayuttā[2] . . .

7. *a*. Kambukāyūradharā 'ti saṅkhavalayakāyūravibhūsitā kañcanācelavibhūsitā 'ti suvaṇṇavatthaṃsakasamalaṃkatakesahatthā.

8. *a*. Kadalīmigasaṃchannā 'ti kadalīmigacammapaccat-

[1] D. vuddhi°. [2] D. °bhu°.

tharaṇatthā. SAṂJĀ 'ti[1] saṃṭhitā sayituyuttarūpā. GOṆAKA-SAṂṬHITA 'ti dīghalomakena javena saṃṭhitā 'ti.

10. *b*. SADDALE 'ti taruṇatiṇasaṃchaye. SUBHE 'ti suddhe SUBHE 'ti vā tassā ālapanaṃ.

c. Sa KAṆṆAMUṆḌO 'ti khaṇḍitakaṇṇo chinnakaṇṇo.

11. *a*. KHĀYITĀ ĀSĪTI khāditā ahosi.

b. AṬṬHISAṂKHALIKĀ KATĀ 'ti aṭṭhisaṃkhalitamattā katā.

12. *a*. AṄGAPACCAṄGAN (?) 'ti paripuṇṇasabbaṅgapaccaṅgavatī.

15. *a*. Tattha CHANNAN 'ti etaṃ na yuttaṃ. N'ETAṂ PAṬIRŪPAN 'ti tass' eva vacanaṃ YAN 'ti kiriyāparāmasanaṃ ATICARĀSĪTI. aticarasi ayam eva pāṭho. yaṃ maṃ tvaṃ aticarasi tattha yaṃ aticaraṇaṃ n'etaṃ channaṃ n'etaṃ paṭirūpan 'ti attho.

II. 13.

3. *b*. SAṂPANNACARAṆO 'ti sīlasampadāya indriyesu guttadvāratā bhojane mattaññutā jāgariyānuyogo satta saddhammā cattāri rūpāvacarajjhānānīti imehi paṇṇarasehi caraṇasaṃkhatehi guṇehi sampanno samannāgato caraṇasampanno 'ti attho.

d. Ye tatthāsuṃ samāgatā 'ti vā pāṭho.

7. *a*. Tattha CHAḶASĪTISAHASSĀNĪTI chasahassādhika-asītisahassānīti chasahassādhika-asītisahassasaṃkhā.

11. *a*. Tattha ĀTUME 'ti attani ITTHIBHŪTĀYĀ 'ti itthibhāvaṃ upagatāya DĪGHARATTĀYĀ 'ti dīgharattaṃ. ayaṃ h'ettha adhippāyo itthibhūtāya attani sabbakālaṃ itthī yeva hoti udāhu purisabhāvaṃ pi upagacchatīti. YASSĀ ME ITTHIBHŪTĀYĀ 'ti yassā mayhaṃ itthibhūtāya evaṃ tāva bahu saṃsāre mahesībhāvaṃ mahāmuni tvaṃ bhāsasi kathesīti attho. ā hu me itthibhūtā 'ti pāṭho. tattha ā 'ti anusaraṇatthe nipāto. hu me 'ti sayaṃ anussaritaṃ aññātam idaṃ mayā itthibhūtāya itthibhāvaṃ upagatā evaṃ mayhaṃ ettakaṃ kālaṃ aparā 'va anuppatti ahosi. kasmā. yassā me itthibhūtāya sabbesaṃ anupubbena mahesittam akārayi tvaṃ mahāmuni saṃsāre bahuṃ tāpesīti yojanā.

12. Tenāha bhagavā. anamataggāyaṃ bhikkhave saṃ-

---

[1] C. sajjhā 'ti.

sāre pubbā koṭi na paññāyati avijjānīvaraṇānaṃ sattānaṃ taṇhāsaṃyojanānaṃ saritabbā na 'ti.

19. *a.* ABHĀVETVĀ 'ti vaḍḍhetvā bruhetvā. ābhāvetvā 'ti keci paṭhanti tesaṃ ākāro nipātamattaṃ.

III. 1.

1. *c.* PUBBAḌḌHAPETO VĀ 'ti kāyassa purimaḍḍhena apeto viya apetayoniko devaputto viya.

2. *a.* Tattha CUNDATTHIKAN (!) 'ti evaṃ nāmakaṃ gāmaṃ. ANTARE VĀSABHAGĀMAṂ BĀRĀṆASIYĀ SANTIKE 'ti Vāsabhagāmassa Bārāṇasiyā ca majjhe. antarāsaddayogena h'etaṃ sāmī-attho upayogavacanaṃ. Bārāṇasiyā santike hi so gāmo 'ti ayaṃ h'ettha attho.

3. *d.* PĪTAKAÑ CA YUGAṂ ADĀ 'ti pītakaṃ suvaṇṇavaṇṇaṃ ekaṃ vatthayugañ ca adāsi.

4. *d.* THĀNE 'ti ṭhānaso taṃ khaṇaṃ yeva.

6. Tattha SĀHUNNAVĀSINO 'ti chinnabhinnapilotikakhaṇḍanivasanā. KESAṂVĀSINO 'ti keseh' eva paṭicchāditakopīnā.

7. *d.* BHŪMIYAṂ PAṬISUMBHITĀ 'ti tāyā eva pucchāya (? mu°) uppattiyā ṭhatvā avakhittamattikā piṇḍā viya visutthā paṭhaviyaṃ patitā.

8. *a.* TATTHĀ 'ti gataṭṭhāne BHŪMIYAṂ PAṬISUMBHITĀ 'ti pāpate patitā viya jighacchādidukkhena thātuṃ asamatthabhāvena bhūmiyaṃ patitā. tattha vā gataṭṭhāne ghāsādinaṃ alābhena chinnāsā hutvā kenaci paṭimukhaṃ sumbhitā patitā viya bhūmiyaṃ patitā hontīti attho.

9. *d.* DĪPAN 'ti patiṭṭhaṃ puññan 'ti attho.

11. *d.* PAṬIGGAHE 'ti gaṇhanake.

12. *b.* Idāni NO na kiñci upakappatīti adhippāyo. na dāsiyo tān' evābharaṇāni NO 'ti etthāpi es' eva nayo. tattha NO 'ti amhākaṃ. TE 'ti gharādike AÑÑO 'ti apare PARIHĀRENTĪTI paricaranti. paribhogā 'ti vasena niyogaṃ karontīti attho.

13. *a.* Tattha VEṆIṂ VĀ 'ti veṇī veṇijātikā vilīvakārā naḷakārā hontīti attho. VĀ saddo aniyamattho. AVAÑÑĀ 'ti avaññeyyā avajānitabbā. vuttaṃ hoti vambhanā 'ti vā pāṭho. parehi bādhanīyā 'ti attho.

d. NAHĀMINĪti kappakajātikā.

17. *c*. VIJITAṄgā 'ti vijjamānadehā MORAHATTHEHīti morapiñjapaṭimaṇḍitavījanīhatthehi.

18. *a*. AṄKATO AṄKAṂ GACCHANTĪ ti dārakakāle pi ñātīnaṃ dhātīnañ ca aṅkaṭṭhānato aṅkaṭṭhānam eva gacchanti na bhūmitalan 'ti adhippāyo.

III. 2.

1. *a*. Kuṇḍinagaro 'ti vā pāṭho.

b. SĀNUVĀSINIVĀSINO 'ti Sānuvāsipabbatanivāsī.

d. BHĀVITINDRIYO 'ti ariyamaggabhāvitasaddhādi-indriyo arahā 'ti attho.

3. *a*. SŪCIKAṬṬHĀ 'ti pūtinā lūkhavantādinā [1] aṭṭhakā. sūcigatā 'ti vā pāṭho. vijjhanatthena sūcikā 'ti laddhanāmāya khuppipāsāya ajjhāpīḷitā. sūcikaṇṭhā [2] 'ti keci paṭhanti sūcichiddasadisā mukharā 'ti attho.

d. KURŪRINO 'ti dāruṇakammantā.

4. *a*. VITARITVĀ 'ti vitiṇṇo hutvā otappasaṃtāsabhayo 'ti attho. VITURETVĀ [3] 'ti vā turito hutvā taramānarūpo hutvā 'ti vuttaṃ hoti.

b. EKAPATHE 'ti ekapadike magge EKAKO 'ti ekiko adutiyo.

c. CATUKUṆḌIKO BHAVITVĀNĀ 'ti catūhi aṅgehi kuṇḍo 'ti attabhāvaṃ pavattetīti catukuṇḍiko. dvīhi jānūhi dvīhi hatthehi gacchanto 'ti ca evaṃbhūto hutvā 'ti attho. so hi evaṃ purato koci na paṭicchādanā hotīti tathā akāsi.

d. THERASSA DASSAYI 'TUMAN 'ti therassa attānaṃ uddissayi uddisesi.

9. *d*. BHATTAVISSATTAKĀRAṆĀ 'ti bhattakicca(ṃ)kāraṇā bhuñjananimittaṃ.

22. *a*. KŪṬĀGĀRĀ NIVESANĀ 'ti kūṭāgārabhūtā tadaññanivesanasaṃkhātā ca gharā liṅgavipallāsavasena h'etaṃ vuttaṃ.

24. *c*. KARAKAN 'ti dhammakarakaṃ.

27. *d*. VĀRIKIÑJAKKHAPŪRITĀ 'ti tattha tattha vārimatthake padumuppalādīnaṃ kesarabhāgehi [4] saṃchāditavasena pūritā.

---

[1] C. lukhavatthādinā. [2] D. °kaṭṭhā.
[3] D. vita°. [4] C. °bhārehi.

28. *d.* PHALANTīti pupphanti. paṇhikapariyantādīsu vidāsentīti attho.

29. *b.* SAKKHARE KUSAKAṆṬAKE 'ti kusakaṇṭakavati ca bhūmibhāge sakkhare kusakaṇṭake akkamantā 'ti attho.

30. *a.* SIPĀṬIkan 'ti ekapaṭalaṃ upāhanaṃ.

31. *b.* RATHENA M-ĀGAMUN 'ti makāro padasaṃdhikaro.

III. 3.

1. *d.* PATHADDHANĪTI attano pathabhūte addhani gaganatalamatte 'ti attho. PAṆṆARASE VA CANDIMĀ 'ti puṇṇamāsiyaṃ paripuṇṇamaṇḍalo cando viya vijjotamānā 'ti attho.

2. *a.* VAṆṆO CA TE KANAKASSA SAṂNIBHO 'ti tava vaṇṇo uggattasiṅgī—(C. uttagga°, uttatta°?) suvaṇṇena sadiso ativiyamanoharo 'tenāha UGGATARŪPO (C. uttagga°) BHUSADASSANĪYĀ 'ti.

c. ATULE 'ti mahārahe. atule hi vā devatāya ālapanaṃ asadisarūpe 'ti attho.

3. *b.* PAHŪTAMĀSĀ (C. D. °ssā) kamalakuvalayādibahuvividhakusumavatiyo.

c. SAMAṄGAMOTAKĀ 'ti samantato okiṇṇā.

d. PAṄKO PAṆṆAKO CĀ 'ti kaddamo vā udakacikkhalo vā na vijjati.

4. *c.* SAMAYYĀ 'ti saṃgamma.

d. VIDUSSARĀ 'ti (*sic*) vissaṭṭhassarā saṃpiṇḍitassarā.

5. *b.* NĀVĀYĀ 'ti doṇiyaṃ pokkharaṇiyaṃ hi padumini suvaṇṇanāvāya mahārahe pallaṅke nisīditvā udakakīḷaṃ kīḷantī (D. °ntā) disvā evam āha. AVALAMBA 'ti olambitvā apassenaapasāya (C. appasayyā) tiṭṭhasīti.

c. ĀLĀRACAMHE 'ti (C. ālārācāmbhe 'ti) vellitadīghanīlapamukhe.

6. *c.* ANOMADASSANE 'ti paripuṇṇaṅgatāya nandanadassane.

7. *a.* Tattha KAROHI KĀMMAṂ IDHA VEDANĪYAN 'ti idha imasmiṃ dibbaṭṭhāne vipaccanakavipākadāyakam kusalakammaṃ karohi pasaveyyāsi. IDHA NĪTAN 'ti idh' ūpanītaṃ. Idhāninam 'ti (?) vā pāṭho imasmiṃ ṭhāne ninnaponapabbhāraṃ tava cittaṃ bhavatu hotu.

8. *c.* TAHIṂ VEDANĪYĀN 'ti tasmiṃ vimāne tāya saddhiṃ

veditabbasukhaṃ vipākaṃ kusalakamma. . . . athāyasmā Mahāmoggallāno ekadivasaṃ pabbatacārikaṃ caramāno taṃ vimānañ ca vimānapetiñ ca disvā veḷuriyathambhaṃ ruciraṃ pabhassaran 'ti ādikāhi gāthāhi pucchi.

III. 4.

1. *a.* Tattha BHUSĀNĪTI palāsāni EKE 'ti eko SĀLIN 'ti sālino sāmi-atthe h'etaṃ upayogavacanaṃ. sālino palāsāni pajjalantāni attano sīse avakiratīti adhippayo. PUNĀPARE 'ti puna aparo yo hi so mātu sīsaṃ paharati so ayomuggarehi attano sīsaṃ paharitvā sīsabhedaṃ pāpuṇāti. taṃ saṃdhāya vadati SAKAMAṂSALOHITAN 'ti attano piṭṭhimaṃsalohitañ ca paribhuñjatīti yojanā. AKANTIKAN 'ti akantaṃ amanāpaṃ jegucchaṃ.

III. 5.

1. *e.* SĪVATHIKĀYĀ 'ti susāne.

AṄGUṬṬHASNEHENĀ 'ti aṅguṭṭhato pavattasinehena devatāya aṅguṭṭhato paggharitakhīrenā 'ti attho.

2. *c.* PALAHISU PĀDE 'ti attano jivhāya pāde palahiṃsu.

3. *d.* SĀSAPADHŪPANAṂ VĀ 'ti yaṃ jātassa dārakassa rakkhanatthāya sāsapena dhūpanaṃ karonti.

4. *b.* NA SABBADHAÑÑĀNI PI ĀKIRIṂSŪ 'ti maṅgalaṃ karontā agadavasena yaṃ sabbatelamissitaṃ sāli-ādi dhaññaṃ ākiranti tam pi 'ssa nākaṃsū 'ti attho.

d. RATTĀBHATAN 'ti rattiyaṃ ābhataṃ.

5. *b.* SASAṂSAYAN 'ti jīvati nu kho na nu kho jīvatīti sasaṃsayittāya sasaṃsayan 'ti (C. D. °van 'ti). JĪVITASĀVASESAN 'ti jīvitaṭṭhitiyā hetubhūtānaṃ sādhanānaṃ abhāvena kevalaṃ jīvitamattāvasesakaṃ.

III. 6.

4. *a.* Tattha ANĀVAJJESU TITTHESŪ 'ti anivāritesu nadītaḷākādīnaṃ titthapadesesu. yattha manussā nahāyanti udakakiccaṃ karonti tādisesu ṭhānesu VICINI [1] AḌḌHAMĀ-

[1] D. vicchini.

SAKAN 'ti manussehi ṭhapetvā vissaritaṃ api nām' ettha kiñci labheyyan 'ti lobhābhibhūtā hutvā aḍḍhamāsakamattaṃ pi vicini gavesi.

Atha vā ANĀVAJJESU TITTHESŪ 'ti upasaṃkamanena kena ci anivāritesu sattānaṃ payogā(sa)ya suddhikaraṇabhāvena titthabhūtesu samaṇabrāhmaṇesu vijjamānesu VICINI AḌḌHAMĀSAKAN 'ti maccheramalapariyuṭṭhitacittā kassaci kiñci adentī aḍḍhamāsakam pi 'vasesena vicini na saṃcini puññaṃ.

III. 7.

1. *b*. RAJANĪYE 'ti kāmanīyehi rāguppatihetubhūtehi KĀMAGUṆEHĪTI kāmakoṭṭhāsehi. SOBHASITI samaṅgibhāvena virocasi rattiyan 'ti adhippāyo.

c. DIVASAṂ ANUBHOSI KĀRAṆAN 'ti divasabhāge pana nānappakāraṃ kāraṇaṃ ghātanaṃ paccānubhavasi. RAJANĪti rattīsu YE 'ti nipātamattaṃ.

9. *c*. PAṬIHATĀ 'ti paṭihatacittā bandhaghātā viya hutvā. . . .

III. 9.

1. *a*. MĀLĪ ti mālāhārī dibbapupphehi patimaṇḍito 'ti abhippāyo. hirītīti (*sic*, D. haritīti) veṭṭhitasīso. KĀYŪRĪTI keyūrī bāhalaṃkārapatimaṇḍito 'ti attho.

d. Aruṇasadisavaṇṇavā 'ti vā pāḷi. aruṇan 'ti araṇīyehi devehi sadisavaṇṇa-ariyāvakāso 'ti attho.

4. *b*. UPAKKANTVĀ (C. ukkantitvā) (*sic*) 'ti ukkantitvā chinditvā 'ti attho.

6. *b*. SACCAKĀLE 'ti saccaṃ vattuṃ yuttakāle. . . .

III. 10.

2. *d*. KHĀRENA PARIPPHOSETVĀ 'ti avakantita-avakantitakkhaṇe khārodakena paritosetvā[1] siñcitvā punappunam pi avakantanti.

6. *d*. PACCATTAVEDANĀ 'ti paccattaṃ visuṃ visuṃ attanā anubhūyamānā mahādukkhavedanā.

8. *b*. Te puggalā tato puññato VIVECAYETHA viveceyyātha

---

[1] D. °sitvā.

paribāhire jāniyāthā 'ti aññapadesena attano mahājāniyataṃ vibhāveti.

IV. 1.

1. *d.* KĀRAṆATTHIKO 'ti jīva bho jīvitam eva seyyo 'ti vutte ath' assa kāraṇena atthiko.

2. *d.* PARICĀRIKĀ SĀ PĪTI yā asitapītakhāditavatthaparibhogādilakkhaṇā indriyānaṃ paricārikā sā pi imassa natthi pariharaṇā sā pīti vā asitādiparibhogavasena indriyānaṃ pariharaṇā sā pi imassa natthi. vigatajīvitattā 'ti attho. parivāraṇā sā pīti keci paṭhanti.

3. *d.* VIRĀDHITATTO 'ti pariccattasabhāvo JANENA TENĀ 'ti tena ñāti-ādijanena.

5. *c.* USSĀVAVINDU 'VA PALIMPAMĀNO 'ti tiṇagge limpamāna-ussāvavindusadiso.

6. *b.* UTTĀSITAN 'ti āvutaṃ āropitaṃ PICUMANDASSA SŪLE 'ti nimbarukkhassa daṇḍena katasūle. KENA VAṆṆENĀ 'ti kena kāraṇena.

7. *a.* Tattha SĀLOHITO 'ti samānalohito yonisaṃbandhañātako 'ti attho.

8. *b.* SATTUSSADAN 'ti pāpakārīhi sattehi ussannaṃ. atha vā pañcavidhabandhanamukhe tattalohasecanaṃ (D. tattha lohitasecanaṃ) aṅgārapabbatāropanaṃ lohakumbhipakkhepo asipattavanappavesanaṃ Vetaraṇiyaṃ samotaraṇaṃ mahāniraye pakkhepo 'ti imehi pañcavidhabandhanādīhi dāruṇakāraṇehi ussannaṃ uparupari nivisitan 'ti attho.

9. *d.* EKANTATIPPAN 'ti ekanten' eva tikhiṇadukkhaniyatamahādukkhan 'ti attho.

10. *d.* Tasmā tena kāraṇena MĀ ME 'KATO mayā ekato imassa jīvitassa UPARODHO mā hotū 'ti imassa santike idaṃ vacanaṃ ahaṃ na bhaṇāmi.

11. *a.* Tattha AÑÑĀTO 'ti avagato.

12. *a.* ADDHĀ 'ti ekaṃsena.

c. AKĀMĀSADDHEYYAVACO akāmo eva saddhātabbavacano 'ti katvā iminā kāraṇena PUCCHASSU MAṂ KĀMAṂ YATHĀ VISAYHAN 'ti attano yathā icchitam atthaṃ pucchassu maṃ ahaṃ pana yathā visayhaṃ yathā mayhaṃ sahituṃ sakkā tathā attano ñāṇabalānurūpaṃ kathessāmīti adhippāyo.

13. Tassattho. ahaṃ kiñcid eva cakkhunā passissāmi·taṃ sabbam pi tad eva ahaṃ abhisaddaheyya paṭiññeyya taṃ. pana 'disvā tava vacanaṃ no [1] pi (no) saddaheyya yakkha mayhaṃ tiyassakammaṃ [2] nigahakammaṃ kareyyāsīti. atha vā. YAṂ KIÑCĀHAṂ CAKKHUNĀ PASSISSĀMĪTI ahaṃ yaṃ kiñcid eva cakkhunā passissāmi acakkhuno parassa adassanato SABBAṂ PI TĀHAṂ ABHISADDAHEYYAN 'ti sabbaṃ pi te ahaṃ diṭṭhaṃ sutaṃ ayaṃ vāpi abhisaddaheyyaṃ tādiso hi mayhaṃ tayi abhippasādo 'ti adhippāyo.

Pacchimapādassa pana yathā vutto 'va attho.

14. *a*. SACCAPAṬIÑÑĀ TAVA ME SĀ HOTU 'ti tava esā paṭiññā mayhaṃ saccaṃ hotu.

b. SUTVĀNA DHAMMAṂ LABHASSU PASĀDAN 'ti mayā vuccamānaṃ dhammaṃ sutvā sundarapasādaṃ labhassu.

d. AÑÑATTHIKO 'ti ājānanena atthiko.

15. *a*. YATHĀ PAJĀNAN 'ti yathā añño pi pajānanto yathā pajānan 'ti vā mayā yathā ñātan 'ti attho.

d. ETAN 'ti vā nipātamattaṃ. . . . kissa te 'ti ca keci vadanti.

16. *b*. CIKKHALLAPABBE 'ti cikkhallavati saṃdhimhi NARAKAN 'ti āvāṭaṃ.

21. *c*. KIÑCATTHIKO 'ti hassādhippayo.

24. *a*. ĀSAMĀNĀ 'ti āsiṃsamānā patthayamānā.

30. *d*. TEN' AMHI NAGGO KASIRĀPAVUTTĪ ti tena duvidhena kāraṇena idāni naggo niccolo amhi kasirā dukkhā vutti jīvikā hotīti.

32. *a*. Tattha KAPPITAKO [3] NĀMĀ 'ti jaṭilasahassassa abbhantare āyasmato Upālittherassa upajjhāyaṃ saṃdhāya vadati.

33. *b*. SUPPAṬIMUTTAKO CĀpi [4] ti suṭṭhupatimattabhāṇīti attho.

c. ARAṆAVIHĀRĪ ti mettāvihārī.

34. *a*. VIDHŪMO 'ti vigatamicchāvitakkadhammo. ANI-

---

[1] D. to. [2] C. niya°. [3] D. kampi°. [4] C. cāti.

GHO 'ti niddukkho. . . . NIRUPADHĪTI kilesābhisaṃkhārādi-upadhippahāyī. SABBAPAPAÑCAKHĪṆO 'ti parikkhīṇataṇhādipapañco.

35. *a*. APPAÑÑATO 'ti paramappicchatāya paṭicchanna-guṇattāya na pākaṭo ca NA SUJĀNO 'ti gambhīrabhāvena DISVĀ PI evaṃsīlo evaṃdhammo evaṃpaññā 'ti na suviññeyyo.

37. *c*. SA M' AJJĀ 'ti so ajja makāro padasaṃdhikaro.

38. *a*. Tattha KAPINACCANĀYAN 'ti kapīnaṃ vānarānaṃ naccanena Kapinaccanā 'ti laddhavohāre padese.

c. SACCANĀMO 'ti jhāyī susīlo arahā vimutto 'ti ādinā chāhi guṇanāmehi yathā va nāmo aviparittanāmo.

39. *a*. Tattha KASSĀMĪTI karissāmi.

40. *b*. Tattha SĀDHŪ 'ti āyācane nipāto. VO LICCHAVI N' ESA DHAMMO 'ti Licchavirāja tumhākaṃ rājūnaṃ esa dhammo na hoti yaṃ akāle upasaṃkamanaṃ.

42. *a*. GIHIKICCĀNĪTI gehaṃ āvasantena kātabbakuṭumba-kiccāni.

c. VICEYYĀ [1] 'ti sindūravatthaṃ gahaṇatthaṃ [2] vicinitvā.

43. *c*. PAṬIKKAMAN 'ti piṇḍapātato paṭikkaman 'ti tenāha GOCARATO NIVATTAN 'ti.

46. *d*. VIDĀLAYANTĪ ti vidāliyanti.

47. *a*. PĀDAKUMĀRIKĀHĪ ti pādasaṃkhātāhi kudārikāhi.

b. PĀṬIYANTĪ ti parivārayanti.[3]

48. *a*. TIṆENĀPiti [4] tiṇaggenapi. [5]

b. MŪLHASSA MAGGAṂ PI NA PĀVADĀSĪTI maggamūḷhassa maggaṃ pi tvaṃ na kathayasi evāyaṃ puriso ito c'ito paribbhamatū 'ti kelisīlo hi ayaṃ rājā.

c. SAYAM ĀDĪYĀSĪTI andhassa hatthato yaṭṭhiṃ sayam eva acchinditvā gaṇhasi.

49. *c*. PACCEMI BHANTE YAṂ TVAṂ VADESĪTI bhante tvaṃ pattāni bhijjantīti ādinā yaṃ vadesi taṃ paṭijānāmi sabbaṃ yeva taṃ mayā kataṃ kārāpitaṃ dasseti.

50. *b*. ETAṂ PĪ ti etaṃ khiḍḍādhippāyena kataṃ pakhiḍḍā 'ti khiḍḍāya.

---

[1] C. viveceyyā. [2] C. siṇḍū°.—D. sindhuravattaṃ.
[3] C. paricā°. [4] C. tiṇo natīti. [5] C. nagge.

c. Pasavitvā 'ti upacinitvā. d. Vedetī ti anubhavatīti. asamatthabhogī ti aparipuṇṇabhogo tam eva aparipuṇṇabhogatam dassetuṃ

51. a. Daharo yuvā 'ti ādi vuttaṃ. naggaṇīyassā 'ti naggabhāvassa.

b. Kiṃ su tato dukkhatar' assa hotīti kiṃ su nāma tato naggabhāvato dukkhataraṃ assa petassa hoti.

53. a. Bahudhā ca (?) satthan 'ti bahūhi pakārehi buddhādīhi vaṇṇitaṃ.

b. Akkhayadhammam atthū 'ti aparikkhayadhammaṃ hotu.

54. a. Ā(pa)camayitvā[1] 'ti hatthapādadhovanapubbakaṃ mukhaṃ vikkhāletvā.

55. a. Candanasāralittan 'ti sārabhūtaṃ candanalittaṃ.

b. Uḷāravaṇṇan 'ti seṭṭharūpaṃ.

d. Parivāritan 'ti anukulavuttinā parajanena parivāritaṃ.

58. a. Ekadesam adāsīti catūsu paccayesu ca ekadesabhūtaṃ vatthadānaṃ saṃdhāya vadati.

c. Sakkhin 'ti sakkhibhāvaṃ.

59. b. Mā (?) māsīti me āsi. devatāsi mayhaṃ devatā āsīti yojanā.

60. b. Vippaṭipannacitto 'ti micchādiṭṭhipaṭipannamānaso dhammiyaṃ paṭipadaṃ pahāya adhammiyaṃ paṭipadaṃ paṭipanno 'ti attho.

67. d. Paṇītadaṇḍo 'ti ṭhapitasarīradaṇḍo. anusattarūpo 'ti rājanattasabhāvo.

68. a. Vīsatirattimattā 'ti vīsatimattā rattiyo. ativattā 'ti attho.

69. b. Ko tam vadethā 'ti tathā dhammiyakammaṃ karontaṃ taṃ imasmiṃ Vajjiraṭṭhe ko nāma āpamocehīti vadeyya evaṃ vattuṃ koci pi na labhatīti attho.

86. c. Tattho kārakaro 'ti upakārakārī.

87. d. Ubho pī ti dve pi sūlāvuto rājā ca.

88. d. Tattha phalam kaniṭṭhan 'ti sotāpattiphalaṃ.

---

[1] D. ācayitvā.

IV. 3.

1. *a.* Tattha RĀJĀ PIṄGALAKO NĀMA SURAṬṬHĀNAṂ ADHIPATI AHŪ 'ti piṅgalacakkhunā Piṅgalo pākaṭanāmo Suraṭṭhadesassa issaro rājā ahosi.

c. MORIYĀNAN 'ti Moriyarājūnaṃ Dhammāsokaṃ saṃdhāya vadati.

d. SURAṬṬHAṂ PUNAR ĀGAMĀ 'ti Suraṭṭhavisayaṃ uddissa raṭṭhagāmimaggaṃ paccāgañchi.

2. *b.* PAṄKAN 'ti mudubhūmi.

d. VAṆṆANĀPATHAN 'ti petena nimmitaṃ mudubhūmimaggaṃ.

6. YAMAPURISĀNAṂ SANTIKE 'ti petānaṃ samīpe.

7. *a.* AMĀNUSO VĀYATI GANDHO 'ti petānaṃ sarīragandho vāyati.

11. *b.* MEGHAVAṆṆASIRANNIBHAN 'ti meghavaṇṇasaṃṭhānaṃ hutvā khāyamānaṃ.

15. *a.* PŪRAṂ PĀNĪYASSA KARAKAN 'ti pānīyena puṇṇaṃ pānīyabhājanaṃ.

b. PŪVE 'ti khajjake. CITTE 'ti cittijanane madhure manuññā tahiṃ tahiṃ sarāve pūretvā pīne pūve addasa.

25. *b.* Jeṭṭho eva natthi kuto jeṭṭhāpacāyiko jeṭṭhāpacāyanapuññaṃ nāma natthīti attho.

26. *d.* NĪYATI PARIṆĀMAJAN 'ti ayaṃ satto sukhaṃ vā dukkhaṃ vā labhanto nīyati pariṇāmajavasena labhati na kammassa katattāya issarādinā vā 'ti adhippāyo.

27. *d.* SUNIHITAN 'ti suṭṭhunihitaṃ NA VIJJATĪ ti yaṃ samaṇānaṃ dānaṃ nāma anugāmikaṃ nidānan 'ti vadanti taṃ na vijjati.

28. *d.* SATTANNAṂ VIVARAM ANTARE 'ti pāṭhavi-ādīnaṃ sattannaṃ kāyānaṃ vivarabhūte antare chinde satthaṃ pavisati tena sattā asi-ādīhi pahaṭā viya honti.

30. *b.* Suttagūḷe viveṭhetvā katasuttagūḷe khitte 'ti nibbeṭhanavasena khitte nibbeṭhentaṃ. PALĀYATĪ ti pabbate vā rukkhagge vā ṭhatvā niveṭhīyamanaṃ khittaṃ suttagūḷaṃ nibbeṭhantaṃ eva gacchati.

33. *a.* CŪḶĀSĪTĪTI caturāsīti.

b. MAHĀKAPPINO 'ti mahākappānaṃ tattha ekamhā mahāsarā Anotattādito vassasate vassasate[1] kusaggena ekekaṃ udakavinduṃ niharanti iminā upakkamena sattakkhattuṃ tamhi sare ninnudake jāto eko mahākappo nāma hotīti vatvā evarūpānaṃ mahākappānaṃ caturāsītisatasahassāni saṃsārassa parimāṇan 'ti vadanti.

34. *d.* UDDHAṂ ME CHAHI MĀSEHĪTI āha.

37. *b.* TĀVADE tasmiṃ kāle.

53. *d.* PĀMOKKHO 'ti pācīnadisābhimukho hutvā.

IV. 5.

2. *a.* KHAJJĀMĪ ti khādīyāmi asipattasaṃṭhānasadisehi nisitehi khādantehi viya ucchupattehi kantīyāmīti attho.

b. PARISAKKĀMĪTI payogaṃ karomi.

c. CHINNĀTUMO 'ti chinnabhāvo upacchinnathāmo parikkhīṇabalo 'ti attho.

3. *a.* VIGHĀTO 'ti vighātavā vihaṭabalo vā.

6. *c.* PACCĀSANTO 'ti paccāsiṃsamāno.

7. *d.* Ettha ETAN 'ti nipātamattaṃ.

IV. 6.

4. *a.* Tattha BAHŪSU VATA SANTESŪ 'ti anekesu dakkhiṇeyyesu vijjamānesu.

6. *d.* MANUSSĀ UNNATONATĀ 'ti manussakāle sāmino hutvā kālakatā kammavasena onatā caranti khuppipāsāya passa saṃsārapakatin 'ti dasseti.

IV. 7.

1. *b.* Tattha PUBBE KATĀNAṂ KAMMĀNAṂ VIPAKO MATHAYE MANAN[2] 'ti purimajātīsu katānaṃ akusalakammānaṃ phalaṃ uḷāraṃ hutvā uppajjamānaṃ sandabālānaṃ citaṃ pathayeyya abhibhaveyya. paresaṃ anatthakaraṇīmukhena attano atthaṃ uppādeyyā 'ti adhippāyo.

3. *d.* UÑCHO (?) PATTAGATE RATAN (C. uñjo) 'ti uñchena bhikkhācārena laddhe ca tatte pattapariyāpanne āhāre rataṃ saṃtappaṃ.

---

[1] C. omits. [2] D. °than.

8. *a*. UTTĀNO nipanno.
9. *b*. PŪGĀNĪ ti vassasamūhe.

IV. 8.

4. *c*. AJJHĀSITO MAYHAṂ GHARE 'ti kulupakabhāvena mama gehe taṇhābhinivessase (?) abhiniviṭṭho. TASSĀ 'ti tassa kulupakabhikkhussa.

8. *a*. YAṂ BHADDANTE 'HANANT' AÑÑĀ 'ti bhaddante Ayyamahāmoggallāna tassa vaccakuṭiye yaṃ aññe ohananti vaccaṃ ossajanti.

IV. 10.

8. *c*. UTTĀNĀ PATIKIRĀMĀ 'ti kadāci uttānā hutvā vikirīyamānaṅgā viya vattāma.

IV. 11.

1. *d*. NESSĀMI TAṂ PĀṬALIPUTTAM AKKHAṬAN 'ti idāu' āhaṃ taṃ akkhataṃ tena pi aparikkhitamanussarūpen' eva Pāṭaliputtaṃ nessāmi.

IV. 16.

1. *d*. KIN NU SADDAYASE TUVAN 'ti kin nu kho tuvaṃ saddaṃ karosi ativiyavissaraṃ karonto vicarasi.

7. *a*. SĀLITTAKAPPAHĀRENĀ 'ti sālittakaṃ vuccati dhanukena aṅgulīhi eva vā sakkharākhipanapayogo [1] 'ti. tathā sakkharāya paharaṇena. sālittakappahāre 'ti vā pāṭho. Te (*sic*) BHINDISSAN 'ti te bhindiṃ.

---

[1] D. °yogo.

UNWIN BROTHERS, THE GRESHAM PRESS, CHILWORTH AND LONDON.

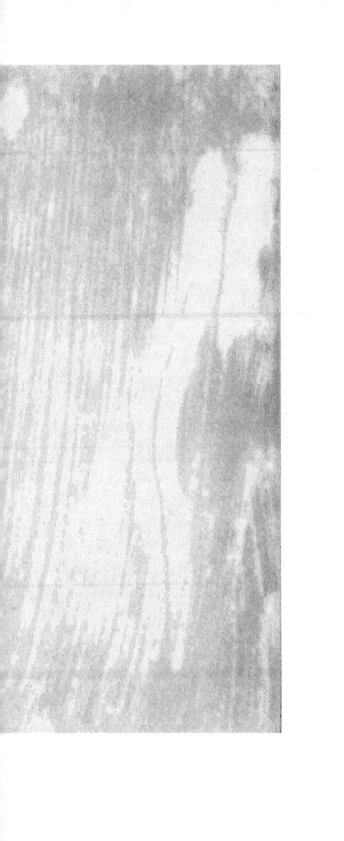